누가 공자의 참마음을 보았는가

육경촬요
六經撮要

三碧子 竊著
盧翟虛 譯解

학자원

본서는 공자孔子의 뜻에 기반한 번역이므로 의역이 지나치게 보이거나,
본문과 약간의 거리가 있어 보이는 것은 부득이하였다.
공자孔子의 도道를 직역으로 전달하는 것은 사실상 불가하다.
그러므로 본서는 도道를 밝히는 구절에 대하여 의역을 주로 하였다.
학자와 독자들이 살펴서 이해하시기를 바란다.

차례

논어촬요 論語撮要

맹자촬요 孟子撮要

중용촬요 中庸撮要

대학촬요 大學撮要

계사촬요 繫辭撮要

문언촬요 文言撮要

논어촬요
論語撮要

수사요목 洙泗要目
사십팔장 四十八章

나의 道는 하나로 꿰나니
아침에 道를 깨치면 저녁에 죽어도 可하니라.
道를 공부하다가 죽을 결심으로 性을 返照하여 向하라!
誠하면 性이 밝아지니라.
吾道는 一以貫之니 朝聞道면 夕死可矣니라
守死善道하여 敬以直內하라 誠則明也니라

論語撮要序
논어촬요서

논어論語는 노론魯論, 제론齊論, 고론古論이 있었다고 한다. 전한前漢 말기의 장우張禹가 노론과 제론을 편집하여 지금의 20편 논어가 전하게 된 것이다. 후한後漢 정현鄭玄의 주註가 일부 전해지고, 위魏 하안何晏의 논어집해論語集解가 가장 오래된 것이라 한다. 세월이 흐르며 많은 정의精義, 의소義疏, 요의要義 이름의 주석서註釋書가 나타났으나 공자孔子의 상어上語를 요해了解한 촬요撮要가 없는 아쉬움이 있다. 공자孔子의 가르침은 성性과 천도天道 그리고 그 밖의 말씀으로 나누어지기 때문이다.

논어의 상어上語가 드러나면 나머지 말씀을 가름할 수 있는 것이다. 논어의 상어가 공자의 본지本旨이다. 계사繫辭에 정情을 위僞라 하였고, 성性을 적연부동寂然不動이라 함이 본지本旨의 내용이다.

뒷사람의 설說이 공자孔子와 다르면 외설外說이다. 전성미발처前聖未發處라 하여 공자가 밝히지 못한 도리道理를 밝혔다고 하는 망언妄言이 지난 천년千年을 어둡게 하였다. 어두움을 걷어내어 공자를 바로 배우자는 것이 논어촬요論語撮要의 취지趣旨이다. 공자상어孔子上語에 나아가야 칠정七情의 환병幻病에서 벗어날 수 있는 것이다.

三碧子 識.

논어촬요 제1장

學而時習章
학이시습장

子曰 學而時習之면 不亦說乎아
자 왈 학 이 시 습 지 불 역 열 호

有朋自遠方來不亦樂乎아
유 붕 자 원 방 래 불 역 락 호

人不知而不慍이면 不亦君子乎아
인 부 지 이 불 온 불 역 군 자 호

-學而

공자孔子께서 말씀하였다.

"(道를) 배우고 때 따라 익히면 기쁘지 않겠는가. 먼 데서 도우道友가 찾아온다면 즐겁지 않겠는가. 사람들이 (나의 工夫를) 알아주지 않아도 서운하지 않다면 군자君子가 아니겠는가."

某解

■ 학學은 도道를 배우는 것이다.

■ 도道를 공부하는 것이란, 자신의 성性을 밝히는 것이다. 범부凡夫는 성性이 칠정七情에 가려져 있으므로, 성인聖人이 경공부敬工夫를 통하여 성性을 밝혀 본래의 자기自己를 회복回復하라고 하시는 것이다.

■ 시습時習은 쉼 없이 공부工夫하는 것이다. 공부에 전념專念하여 공부가 한결같아지면, 공부 아니할 때가 없는 것이다. 밥 먹는 동안終食

之間과 어떤 일을 할 때造次와 낭패를 당한 때顚沛에도 공부하는 것이 시습時習이다. 안회顔回가 이러 하였다. 이인里仁에 보인다.

■ 중사中士는 공부할 때와 다른 일을 할 때가 다르고, 하사下士는 향념向念이 날 때만 공부한다. 시습時習을 '때때로 익힌다'로 푸는 것은 중사中士의 견해이다. '때 따라 익힌다'가 바르다.

■ 공부工夫의 요목要目은 성性을 반지反之하여 성誠하고자 함이다. 반지反之의 내용은 반조返照이며 다른 이름은 경敬이다, 성誠이란 칠정七情이 고요寂靜하여 성性이 깨어 있음惺惺이니 곧 성性이 성성惺惺함이다. 성誠의 고요寂靜는 청적淸寂이다. 무사지심無思之心의 내용이 청적淸寂인 것이다.

■ 朋自遠方來(먼 데서 벗이 찾아오다)의 벗은 도심道心을 열어 보이고 탁마琢磨하는 도우道友를 가리킨다. 공자孔子의 벗은 노팽老彭이 보인다. 노팽老彭은 노자老子일 것이다.

■ 군자君子는 칠정七情이 환幻인 줄 알아서 속지 않으므로 불우불구不憂不懼하는 것이다. 그러므로 군자는 사람들이 알아주지 않아도 서운하지 않은(人不知而不慍) 것이다.

君子好學章
군자호학장

子曰 君子는 食無求飽하며 居無求安하며
자 왈 군 자 식 무 구 포 거 무 구 안

敏於事而 愼於言이요
민 어 사 이 신 어 언

就有道而正焉이면 可謂好學也已니라 -學而
취 유 도 이 정 언 가 위 호 학 야 이

공자께서 말씀하였다.

"군자君子는 먹음에 배부름을 구求하지 않으며, 거처居處할 때에 편안便安함을 구求하지 않으며, 일을 민첩敏捷히 하고 말을 삼가며, 도道에 밝은이에게 찾아가 바르게 한다면 도道를 좋아한다고 할 만하다."

某解

■ 식무구포食無求飽 거무구안居無求安 : 먹음에 배부름을 구하지 않으며, 거처할 때에 편안함을 구하지 않음이 소박素朴이다. 소박素朴이 갖추어져야 지도자志道者라 할 수 있다.

■ 취유도이정就有道而正 : 도道에 밝은 스승을 찾아가 공부를 밝게 하고자 하면, 찾아뵙고 열심히 깊이 배운다.

思無邪章
사무사장

子曰 詩三百을 一言以蔽之하니 曰思無邪니라 -爲政
자왈 시삼백 일언이폐지 왈사무사

공자께서 말씀하셨다.

"시경詩經 삼백 편의 뜻을 한 마디로 이르면, '생각함에 칠정七情이 없다'는 뜻이다."

某解

■ 사邪는 칠정七情이다. 맹자孟子의 사단四端도 칠정七情이다. 사단四端은 칠정七情의 선善한 모양 넷을 든 것이다.

■ 사무사思無邪는 공자孔子의 종의宗義이다. 사무사思無邪의 뜻에 계합契合한 연후라야 공자의 본의本意를 알 수 있다. 계합契合이란 성性을 체증體證하여 밝힌 것이다.

■ 사邪는 칠정七情이요, 칠정七情의 내용은 환幻이다. 칠정七情이 환幻인 줄 확인確認한 연후에 군자君子의 닦음에 나아갈 수 있는 것이다.

■ 환幻을 들어 보인 뒤의 말씀은 성性의 당체當體와 효용效用에 대한 가르침이 있다. 성性과 천도天道 밖의 말씀은 중인中人이 지켜야 할 공경恭敬, 평등平等의 형례범절形禮凡節 등이다.

■ 칠정七情이 환幻인 줄 알지 못하면, 공자의 도道를 알지 못하는 자者이며 어두운 선비이다.

■ 계사繫辭에 정情은 위僞라 하고, 성性은 적연부동寂然不動이라 하였다. 계사繫辭란 공자의 저술著述로써 성인聖人이 다시 오시더라도 고칠 수 없는 지리至理라는 뜻이다. 중용中庸에 자사子思가 칠정七情의 미발未發과 이발已發을 논論했으나, 계사繫辭의 말씀과 다르다. 성性이 작용作用을 둠에 미발未發과 이발已發의 상象을 보이나, 성性은 미발未發과 이발已發에 속하지 아니하여 적연부동寂然不動으로 청정淸淨하여 광명光明하는 것이다.

자사의 공부가 입성入誠하였으나 천연天然의 지혜가 누눌陋訥하여 성인聖人의 천연경지天然境地에 측지測知의 말을 보탠 것이다. 자사가 칠정이 환幻인 줄 확연히 알지 못했기 때문에 미발이발설未發已發說에 오류를 지은 것이다. 성性은 미발과 이발 모두에 적연부동寂然不動이다. 적연부동寂然不動은 공자의 도道이다. 자사子思의 미설迷說이 공자의 가르침을 흐리게 한 것이다.

■ 중용中庸을 본다.

喜怒哀懼(樂)之未發을 謂之中이요 發而皆中節을 謂之和니 中也者는 天下之大本也요 天下之達道也니라

* 중中이란 성性의 다른 이름이요, 칠정七情의 낙樂은 구懼가 바르다. 근거는 예기禮記이다. 자사가 가전家傳의 말씀과 증삼曾參에게 배운 말을 정리하여 중용中庸을 지었으되, 공자孔子의 말씀에 대한 이해는 측지測知와 해오解悟와 자득自得이 섞여 있는 것이다. 고로 중용에 약간의 오류가 보이는 것이다. 오류의 근원은 칠정이 환幻인줄 알지 못했던 것이다. 그런 까닭에 중中과 화和의 설명에 성性의 적연부동寂然不動을 드러내지 못한 것이다. 성性을 밝혀 칠정七

情의 정체正體를 알지 못하면, 설명이 도道에 어긋나는 것이다. 위의 중용구中庸句에 병病이 있음을 보았다.

■ 공자의 도道란 명성공부明性工夫를 통通하여 칠정七情이 본래 없는 것임을 확인하는 것이다. 자사子思의 미발중절未發中節의 말을 사무사思無邪 적연부동寂然不動의 이치理致로써 술述하면 아래와 같다.

匹夫七情之體가 謂之性이요 發而無情이 謂之和니 性也者는 天下之大本也요 性之和也者는 天下之達道니라 性者는 雖有 動靜終始而寂然不動也니라

"필부의 칠정七情의 체體가 성性이다. 마음을 생生하되 칠정七情이 없음을 화和라 한다. 성性은 천하의 대본大本이요, 성性의 화和란 천하의 달도達道이다. 성性의 설명에 부득이不得已 동정動靜과 종시終始를 두나, 성性은 항상하게 적연부동寂然不動이다."

■ 공자가 사무사思無邪 적연부동寂然不動의 상선교설上善教說을 편 것은 범부가 칠정七情의 인심人心따라 인생을 거칠고 거칠게 흘러 다니므로 인생의 근원을 가리켜 밝힌 지극한 설명이다. 만약 칠정이 환幻인 줄 확인하게 되면, 다만 성性이 오롯하여 동용주선動容周旋에 성性으로 행行하게 되는 것이다. 사무사思無邪 적연부동寂然不動의 교教에 밝아지면, 칠정七情이 본래 무생무멸無生無滅함을 알게 되는 것이다. 이러히 알아야 공자의 은혜를 갚는 것이라 하겠다.

■ 칠정七情이 본래 무생무멸無生無滅이라 함은 범부가 마음이라 여기는 칠정이 본래 환幻이라는 뜻이다. 환幻은 거짓으로 나타난 것이므로 실實이 아니다. 그러므로 칠정七情은 무생무멸無生無滅인 것이다.

耳順從心章
이순종심장

子曰 吾十有五而志于學하고 三十而立하고
자 왈 오 십 유 오 이 지 우 학 삼 십 이 립

四十而不惑하고 五十而知天命하고
사 십 이 불 혹 오 십 이 지 천 명

六十而耳順하고 七十而從心所欲하고 不踰矩호라
육 십 이 이 순 칠 십 이 종 심 소 욕 불 유 구

-爲政

공자께서 말씀하셨다.

"나는 열다섯에 도道를 밝힘에 뜻을 두었고, 서른에 경공부敬工夫에 섰으며而立, 마흔에 칠정七情의 환幻에 미혹迷惑하지 아니 하였고, 쉰에 개오開悟하여 천명性을 알아서 성性의 실實과 정情의 환幻에 밝았으며, 예순에는 칠정세사七情世事의 환幻에 속지 아니하고, 환정幻情이 귀에 거슬리지 않았나니, 일흔에는 마음에 하고자 하는 바를 좇아도 칠정七情의 몽환夢幻에 머무는 바 없었다." (踰:넘을 유. 矩:법 구)

某解

■ 공자孔子께서 뒷사람이 나아가 닦는 공부의 표준標準을 시현示現 하였다. 공자는 공부에 나아가 이러히 노력하여 깨쳤으며, 그 경지境地

는 이러이러하다고 한 것이다. 공자께서 그대들은 어떠하며, 어떻게 노력할 것인가? 하고 묻는 것이다.

■ 공자께서는 15세에 인생의 근원을 사유思惟하여, 도道를 밝힘에 뜻을 두신 것이다.

■ 공자께서 30세에 성性을 회복回復하고자 입경入敬하여 10년을 반조返照하였다. 입경入敬이란 경이직내敬以直內를 의미한다. 공자께서 30세에 경이직내敬以直內의 공부 길을 체득하여 10년을 경敬으로 성性을 반조返照하여 40세에 불혹칠정不惑七情의 경지에 들게 된다. 대개의 학자들은 경이직내敬以直內의 길을 체득體得하지 못해 깜냥대로 추측하는 사변지학思辨之學에 머무르며 잡론雜論을 지어낸다. 정이程頤 주희朱熹 등이 그러하다.

경이직내敬以直內란 잡념雜念을 쉬어 오직 성性으로 보고 듣고 행하기 위한 유일한 공부길이다. 다만 잡념雜念을 쉬면 성性이 스스로 나타나는 도리道理를 알지 못하면 공자를 만날 수 없는 것이다. 잡념雜念이란 칠정七情을 말한다.

■ 공자께서 40세에 칠정七情이 몽환夢幻인 줄 알았다. 그 경지境地의 이름이 불혹칠정不惑七情이다. 40세에 칠정七情이 몽환夢幻인 줄 알아서 칠정七情에 미혹迷惑하지 아니하게 되었던 것이다. 공자가 40세에 성性을 통해通解하여 개오開悟한 것이다. 통해通解란 해오解悟라 성性을 한 순간 철견徹見한 경지境地이지 성性이 항상하게 현전現前하는 경지가 아니다.

그러므로 불혹칠정不惑七情이란 칠정七情에 속지 아니하게 되어 성학聖學의 문턱을 처음 넘어선 경지이다. 고로 대학大學의 지止란 불혹칠정不惑七情 이후에 칠정을 그치는 공부를 가리킨 것이다. 칠정이 몽환夢幻인줄 통해通解하면 절로 칠정을 그치는 공부에 나아가 힘쓰지 않겠는가?

통해通解의 경지境地는 칠정七情이 몽환夢幻인 줄 알았으나 칠정七情이 전과 같이 혼재混在한다. 그러하기에 칠정七情을 그쳐서 고요해져서 맑아지면 종래에 밝아진다. 이른바 지정정명止靜淨明의 공부차례가 있는 것이다. 지난 2500여 년 동안 불혹不惑의 이理를 밝힌 이가 드문드문 나타났으나 속유俗儒들은 광설狂說이라 여겨 따르지 않았던 것이다. 세상사정은 속유俗儒들의 주장이 크게 채택되어 공문孔門의 정로正路가 흐려진 것이다. 칠정七情이 실다운 마음이라 주장하는 자는 모두 둔근속유鈍根俗儒이다. 성性을 밝힘이 곧 명명덕明明德이요, 명명덕明明德이 곧 명성明性이다. 성性을 밝히면 칠정七情이 몽환夢幻인 줄 알게 되는 것이다.

경이직내敬以直內를 이루어 성性을 밝힌 연후에 의이방외義以方外에 나아갈 수 있다. 그러므로 공자께서 문언전文言傳에 "경이직내의이방외敬以直內義以方外"의 도리道理를 직설直說하였던 것이다. 직방直方의 이치는 지천명知天命 이후에 보고 행할 수 있는 것이니, 학자들은 가벼이 사유하고 짐작해서는 아니 된다.

■ 50세에 성性을 회복回復 하였다. 그 경지의 이름이 지천명知天命이요, 명성明性이다. 명성明性이란 참마음을 밝힌 것이다. 인仁하고자 하면 인仁이 나타나는 경지에 서게 된 것이다. 입성거인入誠居仁에 든 것이다.

공자께서 지천명知天命이후 4년을 묵좌반조默坐返照하여 칠정七情의 대강이 그치고, 뜻대로 성性의 현전現前이 이루어진 후인 54세에, 큰 그릇을 찾아 도道를 전하려 주유천하周遊天下하였던 것이다.

■ 60세에 일용日用의 보고 듣고 생각함에, 진심眞心이 적연부동寂然不

動하여, 세사世事에 물들지 않았다. 거성행인居誠行仁 즉 성誠에 거처하여 인仁을 행한 것이다.

■ 70세에 마음性이 동정動靜에 적연부동寂然不動하여 온전히 성性으로 소요逍遙하게 되었다. 칠정七情의 모습살이와 사생死生의 밖에서 거닐게 되었다. 생각하되 생각에 칠정七情이 없어 온전히 성性으로 거니는 것이다. 구矩란 상범지례上範至禮를 의미한다. 성성거인惺惺居仁한 것이다.

■ 위는 공자께서 스스로의 공부계위工夫階位와 경지境地를 설명한 곳이다. 하사下士의 막해莫解가 공자의 가르침을 흐려서는 아니 된다. 더구나 하사下士의 나이 40을 불혹不惑이라 지칭하는 것은 부끄러운 일이다.

■ 반조返照는 칠정七情을 그치고, 심성心性에 합合하고자 하는 공부방법의 정요精要이다. 공자께서 40세까지 오롯이 지킨 공부방법이다.

■ 孔夫子의 工夫路程

15세	志道(不動志)	(求道思惟)
30세	立敬反之(返照)	(敬工夫)
40세	不惑七情, 知七情	(敬工夫)
50세	知天命而明性, 入一以貫之	(誠工夫) 入誠
60세	耳順世事, 休七情	(誠工夫) 居誠
70세	從心逍遙	(誠工夫) 惺誠

■ 현성賢聖은 성性을 마음이라 하고, 범부凡夫는 칠정七情을 마음이라 한다. 현성賢聖은 칠정七情을 몽환夢幻이라 하나 범부가 믿지 아니하는 것이다. 정주程朱가 그러하다.

溫故知新章
온고지신장

子曰 溫故而知新이면 可以爲師矣니라 爲政
자왈 온고이지신 가이위사의

공자께서 말씀하셨다.
"본래의 도道를 밝혀서 새롭게 알면, 뭇 선비의 스승이 될 수 있다."

某解

■ 온溫은 밝힘이니 성性을 회복回復하여 밝힘이다. 그 방도方道는 반조返照요, 구경究竟은 자명自明 즉 스스로 밝히는 것이다. 자명自明이란 스스로 밝아짐이다. 스스로 밝아지는 까닭은 칠정이 허망한 몽환임을 이해하여 칠정을 쉬면 성性이 밝아진다. 성性은 사람사람이 스스로 자족하여 본래 밝기 때문에 다만 칠정을 쉬면 성性이 밝아지는 것이다.

■ 고故는 본래이다. 본래本來의 성性, 즉 사람의 참마음을 가리킨다.

■ 지知는 깨달아 아는 것이니 곧 진지眞知에 나아가는 것이다. 진지眞知란 칠정지식七情知識의 간섭干涉이 없는 참眞 지혜智慧이다.

■ 신新은 새로움이다. 성性을 밝히어 칠정七情 없이 보고 듣고 거닐게 되었으므로 새롭다고 하는 것이다. 칠정七情의 그림자에 갇혀 인생人生을 꾸리다가 홀연忽然히 칠정七情이 사라지면, 처음에 놀라서 살피다가 칠정七情이 환幻이었음을 확인確認한 다음에, 칠정七情이 본래 없는 도리道理에 순일純一하게 합合하게 된다.

칠정七情이 환幻임을 확인한 다음에, 성공부誠工夫에 입문入門하게 되는 것이다. 칠정이 환幻임을 알지 못하는 자는 덕혜술지德惠術知가 높고 수행修行이 굳건하여도 경지자敬之者일 따름이다. 성性은 본래 천연天然이라, 새로워지거나 더렵혀지지 아니하는 것이다. 성性은 불에 타지 아니하고 물에 젖지 아니하여, 우주가 변하여 티끌로 흩어져도 적연寂然히 부동不動하는 것이다.

■ 사師란 대인大人의 스승이다. 대인大人의 스승이란 곧 세상世上의 스승이다. 중사中士의 스승은 상사上士요, 상사上士의 스승은 상대인上大人이다. 공자를 상대인上大人 혹은 상군자上君子라 부른다.

周而不比章
주이불비장

子曰 君子는 周而不比하고 小人은 比而不周니라 -爲政
자왈 군자 주이불비 소인 비이부주

공자孔子께서 말씀하셨다.

"군자君子는 두루 평평平平하여 편당偏黨하지 않으며, 소인小人은 편당偏黨하며 두루 평평平平하지 아니하다."

某解

■ 주周 : 두루, 골고루.

군자君子가 두루한 것은 천지만물天地萬物과 더불어 한 몸이기 때문이다. 장자莊子에 이른다.

天地與我竝生 허공天地은 나와 함께 생겨났으며,
萬物與我爲一 만물萬物과 나는 하나이다.

■ 비比 : 편당偏黨하다.

군자君子는 천하사해天下四海를 형제兄弟 삼으나, 소인小人은 가족, 벗 등의 친소親疎따라 기울어 편당偏黨한다. 만약 천지만물天地萬物을 내 몸으로 삼으며, 천하만민天下萬民을 형제로 여긴다면 상군자上君子의 덕德을 갖춘 것이라 하겠다.

先明後禮章
선명후례장

子夏問曰 巧笑倩兮며 美目盼兮여 素以爲絢兮라 하니
자하문왈 교소천혜 미목반혜 소이위현혜

何謂也잇고 子曰 繪事後素니라 曰 禮後乎인저
하위야 자왈 회사후소 왈 예후호

子曰 起予者는 商也로다 始可與言詩已矣로다 -八佾
자왈 기여자 상야 시가여언시이의

자하子夏가 여쭈었다.

"'맑고 고운 웃음에 보조개가 예쁘고, 아름다운 눈에 눈동자가 선명함이여! 흰 비단에 채색彩色을 한다.'한 것은 무엇을 뜻한 것입니까?"

공자孔子께서 말씀하셨다.

"그림 그리는 일은, 흰 천을 마련한 뒤에 하는 것이다."

"예禮는 뒤에 따르는 것이겠습니다."

라고 자하가 말하자, 공자께서 말씀하셨다.

"나를 흥기興起시키는 자는 상商, 子夏이로구나! 비로소 함께 시詩를 말할 만하다."

(倩:입예쁠 천. 盼:아름다운눈 반. 絢:문채날 순 繪:그림 회)

某解

■ 시詩는 사무사思無邪의 경지境地에서 노래한 것이다. '예쁜 웃음에-눈동자가 선명함'에는 칠정七情이의 가림이 있지 아니하다.

■ '흰 비단을 마련함'은 성性을 먼저 밝혀야 한다는 뜻이다. 성性을 밝혀야 인생의 본말本末을 알 수 있고, 예禮를 세울 수 있으며, 넓혀야 할 바와 하지 않아야할 바를 능히 판단할 수 있는 것이다.

■ '그림 그리는 것'은 예禮를 가리킨다. 예禮의 근본根本은 사람을 공경恭敬하고 소박素朴을 행行하는 것이다. 그 행行이 무위無爲의 인仁에 거처居處한다면 지례至禮이다.

향례鄕禮와 가례家禮의 형례形禮를 세움은 그 시절時節에 알맞게 하고, 그 처소處所에 알맞게 하며, 그 분수分受에 알맞게 하되 검소儉素함을 잃지 않아야 하는 것이다. 형례形禮란 공경恭敬과 소박素朴을 몸에 익혀 이웃에 넓히는 것이기 때문이다. 형례形禮는 중사中士와 하사下士를 위한 가르침이다.

■ 공자孔子께서 문인門人에게 주로 예禮를 말씀하였다. 성性과 천도天道는 드물게 말씀한 것이다. 왜냐하면 성性과 천도天道를 알아들을 만한 인물이 드물었기 때문이다. 안회가 죽고 난 뒤에 공자가 통곡하며 '하늘이 나를 버리는구나!'라 한 것으로써 성性과 천도天道를 자득한 이가 드문 것을 미루어 알 수 있다고 하겠다.

■ 공자孔子께서 문인에게 주로 예禮를 가르치고, 자품資品이 뛰어난 자가 성性과 천도天道에 대해 물으면 답하였다. 스스로 말씀한 경우는 대체로 혼잣말에 가깝다. '허공이 무어라 하던가?' '불언不言코저 하노라!' 등이다. 오직 계사繫辭에서 성性과 천도天道에 대해 직절단언直切斷言한다. 뒷날의 상선上善을 위해 저술著述한 것이다. 그런 까닭에

계사繫辭와 문언文言이 드밝게 전傳하는 것이다.

■ 공자께서 때로 성性에 대해 말씀하였으나, 문인들이 듣고도 이해하지 못한 바가 있는 것이다. 자사子思가 가전록家傳錄을 살피고 자신의 견해를 더하여 대학大學과 중용中庸을 지었다. 대학大學과 중용中庸에 약간의 허물이 보인다.

■ 성性을 밝힌 연후라야 지례至禮를 알 수 있고, 지례至禮에 참여할 수 있는 것이다. 학상學象과 형례形禮는 명성공부明性工夫를 위한 군자상君子象의 기초연습基礎練習일 따름이다.

■ 공자께서 '자하子夏와 시詩를 말할 만하다.' 함은 자하子夏가 삶의 본원本源과 시詩가 나온 까닭을 돌아보고, 공부의 근본根本을 생각하여, 공부에 나아가는 차례次例를 깨친 것을 기특하게 여긴 것이다.

논어촬요 제8장

不淫不傷章
불음불상장

子曰 關雎는 樂而不淫하고 哀而不傷이니라 -八佾
자왈 관저 락이불음 애이불상

공자께서 말씀하셨다.

"시경詩經 관저편關雎篇은 즐거웁되 망령妄靈되지 않고, 슬프되 상심傷心함이 없다."

某解

■ 낙이불음樂而不淫 : 군자의 '즐거웁되 망령妄靈되지 않음'의 즐거움은 칠정七情이 아니고 성性이다. 즐거웁되 칠정七情의 망령妄靈됨이 없음이 군자의 낙이불음樂而不淫이다.

■ 애이불상哀而不傷 : '슬프되 상심傷心함이 없음'의 슬픔은 범부의 업습상業習相을 안타까이 여김이라 슬픔이 아니다. 업습상業習相은 오래된 학습식學習識으로써 칠정으로 유전流轉하는 원인이다.

■ 낙이불음樂而不淫과 애이불상哀而不傷의 본의本意는 본무칠정本無七情이다. 본무칠정本無七情의 도리道理는 성性을 밝힌 연후에 확인確認할 수 있다. 불음불상不淫不傷에는 술측術測의 염설染舌이 닿지 아니한다.

■ 공자께서 "시경詩經 관저편關雎篇은 즐거웁되 망령妄靈되지 않고,

슬프되 상심傷心함이 없다."고 한 것은 시경詩經 가운데 관저편關雎篇의 내용이 도심道心 즉 진심眞心으로 읊은 것이라는 설명이다. 이는 관저편關雎篇이 모두 도심道心을 읊은 것이라는 뜻이 아니라, 선현先賢의 도심道心이 잘 나타난 바를 가리킨 것이다. 성인의 경지境地는 성인이라야 볼 수 있다. 그러기에 공자의 문인門人, 십철十哲이라도 공자의 경지를 가름하기 어렵다. 그러므로 공자가 관저편關雎篇의 평가를 통해 선현先賢의 도심경지道心境地를 보인 것은 공자가 스스로의 경지를 보인 것이라 하겠다. 배우는 이가 간과해서는 아니 될 것이다.

仁者知者章
인자지자장

子曰 不仁者는 不可以久處約이며 不可以長處樂이니
자 왈 불 인 자 불 가 이 구 처 약 불 가 이 장 처 락

仁者는 安仁하고 知者는 利仁이니라 -里仁
인 자 안 인 지 자 리 인

공자께서 말씀하셨다.

"인仁하지 못한 자는 오랫동안 곤궁困窮에 거처居處할 수 없으며 오래토록 즐거움에 거처居處할 수 없으며, 인자仁者는 인仁에 편안하고 지자知者는 인仁을 이롭게 여긴다." (約:곤궁할 약)

某解

■ 지자知者란 성性을 아는 자이다. 성性을 알았으므로 칠정七情이 환幻임을 안다. 그러나 다만 아는 데 그치므로 성誠에 거처하지 못한다. 그러므로 인仁이 지극한 도道임을 아는 것으로 이利롭게 여기는 것이다. 지자知者는 불혹지不惑地이다.

■ 인자仁者란 성誠하여 성성惺惺을 귀히 여기므로 인仁에 거처한다고 한다. 인仁의 문門에 들었더라도 성성惺惺이 부동不動한 경지境地에 이르지 못하고서 세사世事에 기웃거리면 인仁을 잃고 만다. 왜냐하면 세사世事는 칠정七情의 선악시비善惡是非로 구르는 염처染處이기 때문이

다. 만약 염처染處에 있어도 물들지 아니하는 종심從心의 부동지不動地가 아니면서 방일하면 공부工夫를 잃게 된다. 인지仁地는 지천명知天命 이후의 경지境地이다.

■ 인자仁者가 아니면 오랫동안 곤궁困窮에 거처居處할 수 없으며, 오래토록 즐거움에 거처居處할 수 없으며, 환란患亂을 만나서도 초연超然하며, 억울한 옥살이나 죽임을 당해서도 원망과 슬픔과 공포恐怖가 없는 것이다. 인仁이 이러하거늘 사람들이 쉬이 인仁이라! 인仁이라! 하는 것은 대저 하사下士의 가벼움이라 하겠다.

■ 인자仁者는 오직 인仁에 거처하여 칠정七情을 여의고 성性의 성성惺惺함을 귀히 여긴다. 인仁의 문에 들어선 이는 다만 불성不誠하여 성성惺惺하지 못할 것만을 두려워한다. 만약 이러히 알지 못하다면 졸렬한 사상思想으로 구구區區히 헤아리는 구이학자口耳學者에 불과할 따름이다.

논어촬요 제10장

能好能惡章
능호능오장

子曰 惟仁者야 能好人하며 能惡人이니라 -里仁
자왈 유인자 능호인 능악인

공자께서 말씀하셨다.
"오직 인자仁者라야 사람을 좋아하며, 사람을 미워할 수 있는 것이다."

某解

■ 인자仁者가 사람을 좋아하고 싫어함에는 칠정七情이 없다. 칠정七情이 없으므로 범부凡夫가 좋아하고 싫어함의 경계와는 같지 아니하다. 인자仁者는 인심人心이 없는 것이다. 인자仁者가 사람을 좋아하고 싫어함에는 편애偏愛하거나 미워함이 없으며, 다만 무사無思로써 무위無爲하는 것이다.

■ 인자仁者가 사람을 좋아하고 싫어하는 행위를 무위無爲라 한다. 그런 까닭에 공자께서 '무위無爲로 나라를 다스린 이는 순舜임금이시다!'라 하신 것이다. 순舜임금은 일용日用에 인仁 아닌 때가 드물었던 것이다.

顚沛無違章
전패무위장

君子 無終食之間違仁이니
군자 무종식지간위인

造次에 必於是하며 顚沛必於是니라 -里仁
조차 필어시 전패필어시

군자君子는 밥을 먹는 동안이라도 인仁을 떠남이 없으며, 경황驚惶 중에도 인仁에 반드시하며, 다급한 때에도 인仁을 떠나지 아니한다. (顚:거꾸러질 전. 沛:자빠질 패)

某解

■ 인仁은 심성心性의 본래 작용作用이다. 심성心性은 본래 모습이 없이 적연부동寂然不動하며 무구성성無垢惺惺이나, 심성心性이 모습 없는 성성작용惺惺作用이 함이 없이 드러남을 인仁이라 하는 것이다. 범부가 본래의 인仁을 갖추어 있으나, 다만 칠정七情에 가려져 인仁이 드러나지 않은 것이다.

■ 전패顚沛란 낭패를 당한 때이니, 사생死生이 급한 때 등이다. 군자君子는 이러한 때에도 성성惺惺하여 인仁을 나투는 것이다. 군자君子는 귀천貴賤과 사생死生 밖에 소요逍遙하므로 전패顚沛의 때에도 인仁을 나투는 것이다.

聞道可死章
문도가사장

子曰 朝聞道면 夕死라도 可矣니라 -里仁
자왈 조문도 석사 가의

공자께서 말씀하셨다.
"아침에 도道를 깨치면 저녁에 죽어도 괜찮으니라."

某解

■ 문聞은 각覺이다. 도道를 듣고 깨치면 곧 죽어도 괜찮은 까닭은 도道는 사생死生과 만상萬象을 초월하여 청정불변淸淨不變하여 항상恒常하기 때문이다. 도道란 진심眞心이며 도인道人이란 진심이 항상히 현전하는 이다. 공자의 제자 가운데 수사선도守死善道의 뜻이 굳은자가 드물기에 공부工夫의 고귀高貴함을 강조强調하신 것이다.

■ 도道를 들어 배우고도 경공부敬工夫에 나아가지 못하고, 세사世事를 중히 여겨 오욕칠정五慾七情에 머물기를 좋아하는 자는 박식달재博識達才라도 둔근鈍根에 속한다.

一以貫之章
일이관지장

子曰 參乎아 吾道는 一以貫之니라 曾子曰 唯라
자왈 삼호 오도 일이관지 증자왈 유

子出이어시늘 門人問曰 何謂也잇고
자출 문인문왈 하위야

曾子曰 夫子之道는 忠恕而已矣시니라 -里仁
증자왈 부자지도 충서이이의

공자께서 말씀하셨다.

"삼參아! 나의 도道는 하나로 꿰느니라."

증삼曾參이 "예" 하고 대답하였다.

공자께서 나가시자, 문인門人들이 "무슨 말씀입니까?" 하고 물으니, 증삼이 답한다.

"부자夫子의 도道는 충忠과 서恕일 뿐이다."

某解

■ 일이관지一以貫之의 일一에 계합契合하여 통通해야 공자孔子의 도道에 합한 것이다. 일이란 하나이니, 하나를 밝히면 모든 이치가 따르므로, 절로 대기대용大機大用을 이루는 것이다. 그 하나는 성性이다. 공자께서 성性으로 일이관지一以貫之하신 것이다. 공자의 공부노정工

夫路程에 일을 배대配對하면 아래과 같다.

40세에 성(性,一)을 알다.

50세에 성(性,一)에 계합契合하다.

60세에 성(性,一)으로 소요逍遙함에 들다.

70세에 성(性,一)으로 온전히 소요逍遙하다.

■ 성性은 사람의 진심眞心 즉 참마음이다. 이 밖에 다른 마음은 없다. 범부凡夫는 참마음을 실失하고 칠정七情으로 마음을 삼는 까닭에 미혹迷惑에 떠도는 것이다. 공자께서는 40세에 칠정七情에 불혹不惑하였다. 범부는 미혹迷惑하여 칠정의 정체正體를 알지 못한다. 성性을 밝히면 칠정의 정체正體를 확인할 수 있는 것이다.

■ 일이관지장一以貫之章의 거친 문제는 증삼曾參의 견해이다. 중용에, 자사가 공자孔子의 말씀을 인용하여 증삼의 견해를 지적하고, 맹자에는 행서구인장行恕求仁章(盡心章)에서 증삼의 충서견해忠恕見解에 대해 직언直言한다. 중용中庸을 본다.

子曰 忠恕는 違道不遠이라(中庸 13)

공자께서 말씀하였다. "忠恕는 道와 멀지 않다."

충서忠恕는 경공부敬工夫에 집중하는 수행행태이다. 충서忠恕는 명성明性하기 위한 공부방법 즉 경공부敬工夫의 내용인 것이다. 명성明性 이후에 성공부誠工夫가 있다. 증삼이 공부방법을 도道라 한 잘못이 크다. 증삼은 경공부敬工夫에 힘쓰는 자인 것이다. 맹자孟子의 행서구인장行恕求仁章을 본다.

"孟子曰 萬物이 皆備於我矣니 反身而誠이면 樂莫大焉이요 强恕而行하면 求仁이 莫近焉이니라"

맹자가 말씀하였다. "萬物이 모두 나에게 갖추어져 있나니, 자신의 性에 돌이켜 보아, 誠하면 즐거움이 이보다 더 클 수 없고, 恕를 힘써서 행하면, 仁을 구함이 이보다 가까울 수 없다."

만물개비어아萬物皆備於我는 진심眞心을 가리킨다. 반신이성反身而誠은 성性을 반조返照하여 깨닫는다는 뜻이다. 강서이행强恕而行은 경敬으로 열심히 공부한다는 의미이다. 서恕는 경공부敬工夫요, 공부의 내용은 순일반조純一返照이다. 그러므로 서恕는 공부방법이다.

증삼曾參이 공자의 일이관지설一以貫之說을 충서忠恕로 이해한 것을 맹자가 행서구인장에서 바로 잡은 것이다. 맹자는 행서구인장을 통해 '반신이성反身而誠 강서이행强恕而行' 여덟 자로써 공부길의 요要를 드러내었다.

■ 공자께서 '吾道는 一以貫之니라' 하심은 '나의 제자들은 반드시 성性으로 일이관지一以貫之 해야 하느니라.'라는 뜻이다.

■ 논어論語에서 유약有若과 증삼曾參의 견해는 배울 바 없음을 알아야 한다. 증삼의 종언終言은 공문孔門의 말이라 할 수 없다.

■ 명성明性하지 아니하고서 설說을 펴는 자는 공문孔門을 어지럽히는 오사汚士에 다름 아니다.

■ 일이관지一以貫之의 일一이란 범부의 참마음眞心이다. 범부의 본래 마음이 허공과 닮았기에 천天이라 하며, 허공같이 사생死生을 벗어나 불변不變하므로 천명天命 혹은 천도天道라 한다. 천天은 비유로써 허공이란 뜻이다. 천天을 조물주造物主, 하느님, 신神 등으로 해석하는 것은 무지無知한 까닭이다. 참마음眞心이 청정광명淸淨光明의 참 나眞我이며 전지전능全知全能의 본체本體이며 무시무종無始無終의 진신眞身이다.

범부가 미혹한 까닭에 칠정의 그림자에 갇혀서 오래토록 뒤바뀐 견해로 몽환夢幻의 인생을 사는 것을 깨우치려 공자가 시현示顯하여 도道를 가리키고 보인 것이다.

논어촬요 제14장

勞而不怨章
노이불원장

子曰 事父母하되 幾諫이니 見志不從하고
자 왈 사 부 모 기 간 견 지 부 종

又敬不違勞而不怨이니라 -里仁
우 경 불 위 노 이 불 원

공자께서 말씀하셨다.

"부모를 섬기되 은미隱微하게 간諫해야 하니, 부모의 뜻이 내 말을 따르지 않음을 보고서도 더욱 공경恭敬하고 어기지 않으며, 수고롭되 원망怨望하지 않아야 한다." (幾:은미할 기)

某解

■ 기간幾諫 : 어떤 일을 부조父祖에게 간諫할 제, 비유譬喩나 소문所聞에 기대어 은근히 전하는 것.

■ 경불위敬不違 : 부조父祖가 수긍首肯하지 않아도 공경恭敬을 어기지 않는 것.

■ 노이불원勞而不怨 : 부조父祖를 모시되, 조언粗言을 듣거나 막행莫行을 보아 수고롭더라도 원망怨望하지 않는 것.

논어촬요 제15장

以約失鮮章
이약실선장

子曰 以約失之者鮮矣니라 -里仁
자 왈 이 약 실 지 자 선 의

공자께서 말씀하셨다.
"약約으로써 잃은 자가 적다."

某解

■ 약約이란 정간精簡이다. 그러므로 정간精簡의 약約으로 경공부敬工夫에 드는 것이니, 약約이란 이약행경以約行敬인 것이다. 밖으로 세사世事에 무욕無慾하여 부귀富貴와 명상名象을 몽환夢幻으로 보고, 안으로 성性을 반지反之함에 나아가야 정간精簡의 약約을 얻었다고 하는 것이다.

■ 상사上士의 약約은 칠정을 그침止이요, 중사中士의 약約은 경敬이요, 하사下士의 약約은 행선行善이다.

■ 실失이란 세사世事의 훈습薰習에 끌려서 다시 칠정七情이 산란散亂하여지는 것이다.

訥言敏行章
눌언민행장

子曰 君子는 欲訥於言而敏於行이니라 -里仁
자왈 군자 욕눌어언이민어행

공자께서 말씀하셨다.
"군자君子는 성性과 천도天道에 대한 말은 더듬거리더라도, 거성居誠의 행行에 민첩하고자 한다."

某解

■ 군자의 눌언민행訥言敏行이란 성공부誠工夫의 내용을 설명하는데 능하지 못하더라도, 성誠에 돈독敦篤하여 올올兀兀히 적연부동寂然不動에 거처함에 능하고자 하는 것이다.

■ 적연부동寂然不動의 성성惺惺에 능能하면, 그 경지境地의 설說은 밝아서 허물愆이 없는 것이다.

■ 거성居誠하여 성공부誠工夫에 돈독敦篤한 이는 상선고사上善高士이다.

德不孤章
덕불고장

子曰 德不孤라 必有隣이니라 -里仁
자 왈 덕불고 필유린

공자께서 말씀하셨다.

"덕德 밝은 군자君子는 외롭지 않다. 반드시 천지만물天地萬物과 한 몸으로 거니는 도우道友가 있는 것이다." (隣:이웃 린)

某解

■ 덕德이란 성덕性德이니 곧 성性을 이른다. 덕불고德不孤란 성性을 밝혀 덕德이 두렷한 것을 뜻한다. 문언전文言傳에 '경의입이덕불고 敬義立而德不孤'가 보인다.

■ 진심眞心을 밝힌 이에게 세상이란 아지랑이와 같아서 그 덕德이 두렷하므로 홀로 밝아도 외롭지 않은 것이다. 그 벗을 말하자면 공자孔子에게 노팽老彭이 있고, 맹자孟子에게 열자列子와 고자告子가 있고, 장자莊子에게 혜자惠子가 있는 것이다. 경지境地는 다를지나 그 도道가 같아 벗하는 것이다.

논어촬요 제18장

不行桴海章
불행부해장

子曰 道不行이라 乘桴하여 浮于海하리니
자 왈 도 불 행 승 부 부 우 해

從我者는 其由與인저 子路聞之하고 喜한 대
종 아 자 기 유 여 자 로 문 지 희

子曰 由也는 好勇이 過我나 無所取材(哉)로다 -公冶
자 왈 유 야 호 용 과 아 무 소 취 재 재

공자께서 말씀하셨다.

"도道가 행해지지 않으니, 내 뗏목을 타고 바다를 건너려 한다. 이때 나를 따라올 사람은 아마 유由일 것이다"

자로子路가 이 말씀을 듣고 기뻐하자, 공자께서는 "유由는 용맹을 좋아함은 나보다 나으나, 사리事理를 헤아려 맞게 하는 것이 없다" 하셨다. (桴:뗏목 부)

某解

■ 안회顔回가 하세下世한 뒤에, 도道에 밝아 인仁을 나투는 이가 없었다. 승부부우해乘桴浮于海는 제자들에게 깊이 공부에 들라는 말씀이다.

■ 공자孔子 당시의 중국천하는 주周가 멸(BC770년경)하고 춘추전국

시대가 전개되었다. 유가儒家, 묵가墨家, 법가法家, 도가道家, 병가兵家 등이 제각기 목소리를 내고 있었다. 공자께서는 지천명知天命하시고 4년을 순숙純熟하여 도道에 부동不動한 연후인 54세에 도道를 펴기 위해 여러 제후국을 다니셨다. 어지러운 시절을 만나서도 몸을 돌보지 아니하고 도道를 배울만한 인물을 찾아 다녔던 것이다. 그 성심聖心의 자애로움과 제세구민濟世救民의 교육열教育熱은 역사에 비교할 만한 인물이 보이지 않는다.

■ 혹 순舜임금의 지손支孫이 동東로 갔으니, 도道가 동이東夷에 있어 승부부우해乘桴浮于海라 말씀한 것이라는 견해가 보인다. 단군설화檀君說話의 곰雄과 호랑이虎가 순임금의 부족 이름에서 유래한 것이라는 금문학자金文學者의 주장도 보인다. 또한 중국의 태산泰山, 오대산五臺山, 종남산終南山, 곤륜산崑崙山, 빙무산憑茂山의 꼭대기 사당의 초상화가 단군檀君 과 닮았다고 한다. 추측하여 순임금과 단군이 동일 인물일 것이라 한다. 순임금의 도道가 동東에 왔다고 하더라도 공자孔子의 경敬과 성誠의 정세精細한 수행방법과 경지境地에 대한 설명說明 등의 가르침과 같지 아니하다.

논어촬요 제19장

性與天道章
성여천도장

子貢曰 夫子之文章은 可得而聞也어니와
자 공 왈 부 자 지 문 장 가 득 이 문 야

夫子之言에 性與天道는 不可得而聞也니라 -公冶
부 자 지 언 성 여 천 도 불 가 득 이 문 야

자공子貢이 말하였다.

"부자夫子의 문장文章은 들을 수 있으나, 부자夫子께서 성性과 천도天道를 말씀하시는 것을 들을 수 없다."

某解

■ 성性은 도道의 체體요, 천도天道는 도道의 무위대용無爲大用이다. 성性과 천도天道를 말했으나, 도道는 체용體用으로 나누어지는 것이 아니다. 도道는 다만 본래의 성性을 밝혀 환幻을 쉬어 무위無爲를 행하는 데 있을 따름이다.

■ 공자孔子께서 곳곳에서 성性과 천도天道를 일러주시나 깜냥대로 이해하여 자공子貢은 들은 바 없다고 한다. 대저 범부는 가르침을 입어도 그 도道를 이해하기 어려운 것이다. 공자께서는 성性을 가르치나 듣는 이는 깜냥대로 듣는다. 그 사람이 그 때가 이르러야 바로 듣고 바로 아는 것이다.

居仁三月章
거인삼월장

子曰 回也는 其心三月不違仁이오
자 왈 회 야 기 심 삼 월 불 위 인

其餘則日月至焉而已矣니라 -雍也
기 여 칙 일 월 지 언 이 이 의

공자께서 말씀하셨다.
"안회顔回는 그 마음이 석 달 동안 인仁을 떠나지 않았다. 그 나머지 사람들은 하루나 한 달에 한 번 인仁에 이를 뿐이다."

某解

■ 처음 인仁에 드는 것을 입성入誠이라 하고, 인仁에 거처함을 거성居誠이라 하고, 인仁을 떠나지 않음을 성성무위惺惺無爲이라 한다. 안회顔回는 거성居誠하였던 것이다. 거성居誠하는 이를 아성亞聖이라 한다.

■ 입성入誠은 지천명知天命이요, 거성居誠은 이순耳順이요, 성성무위惺惺無爲는 종심從心이다.

不改其樂章
불개기락장

子曰 賢哉라 回也여 一簞食과 一瓢飮으로 在陋巷을
자 왈 현 재 회 야 일 단 식 일 표 음 재 누 항

人不堪其憂어늘 回也不改其하니 賢哉라 回也여 -雍也
인 불 감 기 우 회 야 불 개 기 현 재 회 야

공자께서 말씀하셨다.

"어질다, 안회顔回여! 한 그릇의 밥과 한 표주박의 물로 누추한 촌村에 있구나! 다른 사람들은 그 근심을 견디지 못하는데, 안회는 그 즐거움을 변치 않으니, 어질다, 안회顔回여!"

某解

■ 인仁에 거처하는 이에게 거친 조식粗食과 누거陋居와 난세亂世가 그 즐거움無情之樂을 변變하게 하지 못한다.

■ 안회顔回가 세상을 떠난 뒤, 공자孔子께서 석 달 동안 말을 잊으셨다고 한다. 예부터 거인居仁의 군자君子가 드문 까닭이다.

논어촬요 제22장

不由斯道章
불유사도장

子曰 誰能出不由戶리오마는 何莫由斯道也오 -雍也
자왈 수능출불유호 하막유사도야

공자께서 말씀하셨다.

"누구라도 밖을 나갈 적에 문門을 통通하지 않고 나갈 수 있겠는가? 그런데 어찌하여 이 도道를 따르는 이가 없는가?"

某解

■ 대저 성인의 말씀을 외는 덕혜술지자德惠術知者는 있으나, 수사선도守死善道하는 이가 드문 것이다. 금세今世는 덕혜술지자德惠術知者도 드물다고 하겠다.

■ 일용日用의 동용주선動容周旋에 성性을 말미암지 않는 이가 없거늘 어찌하여 도道를 따르는 이가 드문 것인가? 하고 공자가 탄식한다. 대개 범부가 칠정七情으로 빚은 애욕愛慾과 쾌락快樂과 명예名譽와 부귀富貴를 구함에서 벗어나지 못하는 까닭이다.

不可語上章
불가어상장

子曰 中人以上은 可以語上也어니와
자 왈 중 인 이 상 가 이 어 상 야

中人以下는 不可以語上也니라
중 인 이 하 불 가 이 어 상 야

-雍也

공자께서 말씀하셨다.

"중사中士 이상은 도道 설說하여 줄 수 있으나, 중사中士 이하는 도道를 말해주는 것이 불가不可하다."

某解

■ 중사中士와 하사下士는 상사上士와 현자賢者가 일생一生에 세상世上을 잊고, 힘 다해 도道를 공부工夫함을 보고, 그 겉을 업신여기며 그 속을 비웃는다. 그러므로 공부에 젖은 이는 중사中士를 만나면 한 걸음 물러서고, 하사下士를 만나면 두 걸음 물러서서 바라보아야 하는 것이다. 동류同類가 아니면 말을 섞지 아니하고, 동도同道가 아니면 어깨를 나란히 하지 않고, 도道를 폄에는 고향을 멀리 떠나야 한다.

■ 현성賢聖은 모든 범부凡夫가 공부를 즐거워 할 때까지 가르쳐 넓힘을 거두지 아니한다. 허공虛空이 다할 때까지 그 때와 그 사람을 기다리는 것이다.

논어촬요 제24장

樂水樂山章
요수요산장

子曰 知者는 樂水하고 仁者는 樂山이니 知者는 動하고
자 왈 지 자 요 수 인 자 요 산 지 자 동

仁者는 靜하며 知者는 樂하고 仁者는 壽니라 -雍也
인 자 정 지 자 락 인 자 수

공자께서 말씀하였다.

"지자知者는 물水을 좋아하고, 인자仁者는 산山을 좋아한다. 지자知者는 칠정七情이 동動하고 인자仁者는 칠정七情이 정靜하며, 지자知者는 낙樂하고 인자仁者는 장낙불멸長樂不滅하니라."

某解

■ 지자知者는 성性을 알아 칠정七情에 불혹不惑하므로 그 아는 것으로 즐거워하는 것이다.

■ 인자仁者는 성性에 계합契合하여 칠정七情의 몽환夢幻에 속지 않으므로 거성居誠하여 무위장락無爲長樂하는 것이다.

■ 지자知者는 칠정七情에 동動함이 있고, 인자仁者는 칠정七情에 정靜하는 것이다.

述而不作章
술이부작장

子曰 述而不作하며 信而好古를 竊比於我老彭하노라
자 왈 술이부작 신이호고 절비어아노팽

-述而

공자께서 말씀하셨다.

"성性을 술述할 뿐 창작創作하지 않으며, 옛 도道를 믿고 좋아함을 내 적이 노팽老彭에게 견주노라."

某解

■ 술이부작述而不作은 전성前聖이 도道를 밝혀 설說했음을 밝힌 것이다. 그 도道는 성性의 있는 그대로를 설說할 뿐, 다른 도道가 있는 것이 아니다.

■ 신이호고信而好古란 전성前聖의 도道를 좋아하여 믿는 것이다.

■ 절비竊比는 적이 비교比較하는 것이다. 노팽老彭은 노자老子일 것이다.

논어촬요 제26장

不憤不啓章
불분불계장

子曰 不憤이어든 不啓하며 不悱어든 不發호되
자 왈 불 분 불 계 불 비 불 발

擧一隅에 不以三隅反이어든 則不復也니라 -述而
거 일 우 불 이 삼 우 반 칙 불 부 야

공자께서 말씀하셨다.

"분심憤心내어 통通하려 하지 않으면 열어주지 않으며, 간절懇切하지 않으면 말해주지 않으며, 한 귀퉁이를 열어 주었는데 이것으로 남은 세 귀퉁이를 통通하지 못하면 다시 더 일러주지 않아야 한다."

某解

■ 불분불계不憤不啓 : 배우는 이가 인생의 근원을 사유하여 성性을 반조返照하지 않으면 성인이 상도上道로써 이끌어 주지 않는 것이다. 분심憤心내어 통通하려 하지 않으면 열어주어도, 모사侮師 압고언狎高言의 태의怠意를 내기 쉽다.

그러므로 온 힘을 다해 배우려 하지 않으면 열어주지 않는 것이다. 스스로 인생의 근원에 대한 탐구의지探究意志가 없는 자에게 도道를 일러주는 것은 소귀에 경 읽기와 같다.

■ 불비불발不悱不發 : 일념一念으로 구하지 아니하면 말해주지 않는다. 수행방법修行方法은 그 때가 되어야 일러주는 것이다. 그러므로 간절懇切하지 않으면 말해주지 않는 것이다. 억지로 가르치면 문자술지文字術知와 모압侮狎의 병病이 생겨나는 것이다.

■ 불반불복不反不復 : 한 귀퉁이를 들어주었는데 이로써 나머지 세 귀퉁이를 반증反證하지 못하면 다시 더 일러주지 않는다. 도道의 체體를 들어 보이고 그 용用을 일러주었는데 덕혜술지德惠術知가 진심眞心을 반조返照하지 못하면 문자술지文字術知에 머무는 까닭에 더 일러주지 않는 것이다.

도道를 밝혀야 하는 까닭과 공부방법과 성性의 체용體用에 대해 일러주면, 배우는 이의 힘쓰는 바가 올곧게 나아가지 않으면 그 때를 기다리는 것이다. 상사上士라야 어상語上인 것이다.

논어촬요 제27장

昭樂淸之章
소악청지장

子在齊聞韶하시고 三月不知肉味하사
자 재 제 문 소 삼 월 불 지 육 미

曰 不圖爲樂之至於斯也호라 -述而
왈 불 도 위 락 지 지 어 사 야

공자께서 제齊나라에 계실 적에 소악韶樂을 들으시고, 배우는 삼 개월 동안 고기 맛을 잊으시고 찬탄하였다.

"음악音樂을 만든 것이 이러한 경지境地에 이를 줄은 생각하지 못했다."

某解

■ 제齊나라 소악韶樂은 해맑은 자연自然의 소리를 담았다. 구름에 달 가듯, 하늬바람이 청공淸空을 지나는 음률音律에 칠정七情이 묻지 않은 듯하였던 것이다.

■ 공자께서 범부凡夫가 도道를 알지 못하더라도, 해맑은 음악音樂을 통해 부지不知간에 적연寂然한 마음性을 느끼는 기회가 될 것이라는 소회素懷를 보인 것이다.

曲肱之樂章
곡굉지락장

子曰 飯疏食飮水하고 曲肱而枕之라도
자 왈 반 소 식 음 수 곡 굉 이 침 지

樂亦在其中矣니 不義而富且貴는 於我如浮雲이니라
낙 역 재 기 중 의 불 의 이 부 차 귀 어 아 여 부 운

-述而

공자께서 말씀하셨다.
"거친 밥을 먹고 물을 마시며 팔을 굽혀 베더라도 낙樂은 또한 그 가운데 있나니, 의롭지 못하고서 부富하고 또 귀貴함은 나에게 있어 뜬구름과 같으니라."

某解

■ 인仁에 거처하는 이는, 거친 밥을 먹고 물을 마시며 팔을 굽혀 베더라도 그 낙樂을 바꾸지 못한다.

■ 인仁에 거처하는 이에게는 왕王노릇과 부귀富貴와 문장文章이 한 올의 지푸라기와 같은 것이다.

■ 곡굉지락曲肱之樂은 종심소요從心逍遙의 경지이다.

논어촬요 제29장

我無隱乎章
아무은호장

子曰 二三子는 以我爲隱乎아 吾無隱乎爾로라
자왈 이삼자 이아위은호 오무은호이

吾無行而不與二三子者是丘也니라 -雍也
오무행이불여이삼자자시구야

공자께서 말씀하셨다.

"그대들은 내가 무엇을 숨긴다고 여기는가? 나는 그대들에게 숨기는 것이 없노라. 행行하고서 그대들에게 보여주지 않은 것이 없는 자가 바로 나丘이다."

某解

■ 성인聖人의 기거起居와 동정動靜과 어묵語默이 모두 가르침 아님이 없다. 성인의 행行에 성性을 숨김이 있겠는가? 사람들이 스스로 살피지 못할 뿐이다.

■ 성性은 언제나 드러나 있다. 범부의 칠정연무七情煙霧가 자욱하더라도 성性은 감추려도 감출 수 없는 것이다. 성性은 불면이중不勉而中이요, 무위이성無爲而成이며 불행이지不行而至이다.

■ 무은無隱, 불언不言, 한거閑居는 온전한 가르침이다.

논어촬요 제30장

欲仁至矣章

욕인지의장

子曰 仁遠乎哉아 我欲仁이면 斯仁至矣니라 -述而
자왈 인원호재 아욕인 사인지의

공자께서 말씀하셨다.
"인仁이 멀리 있는가? 내가 인仁을 하고자 하면 인仁이 당장 이르는 것이다."

某解

■ 욕인欲仁 : 인仁은 성性의 용태用態을 가리키나, 실상實相은 인仁이 곧 성性이다. '내가 인仁을 하고자 하면'이라 함은 인仁을 설명하기 위한 부득이不得已한 말씀이다.

■ 성性이 함이 없이無爲 드러나는 것을 인지仁至라 한 것이다. 칠정七情의 욕망이 사라져서 성性이 드밝게 드러나면 절로 인仁을 행하게 되므로 인仁이 이른다고 하는 것이다.

■ 욕인지의장欲仁至矣章은 이순耳順, 종심從心의 경지境地이다.

논어촬요 제31장

曾參亡解章
증삼망해장

曾子有疾하사 召門弟子曰啓予足하며 啓予手하라
증 자 유 질 소 문 제 자 왈 계 여 족 계 여 수

詩云 戰戰兢兢하여 如臨深淵하며 如履薄永이라 하니
시 운 전 전 긍 긍 여 임 심 연 여 이 박 영

而今而後에야 吾知免夫로라 小子아
이 금 이 후 오 지 면 부 소 자

-泰伯

증삼曾參의 병이 위중하자, 제자들을 불러 말하였다.
"(이불을 걷고) 나의 발과 손을 보아라. 시경詩經에 이르기를 '전전戰戰하고 긍긍兢兢하여, 깊은 못에 임한 듯이 하고, 엷은 얼음을 밟는 듯이 하라.' 하였으니, 이제야 나는 (근심에서) 면免한 것을 알겠구나, 소자小子들아!"

某解

■ 시詩는 소민편小旻篇이다. 전전戰戰은 칠정七情이 때 따라 일어나는 것을 두려워함이요, 긍긍兢兢은 불성不誠을 경계하여 삼가는 것이다. 증삼은 중사中士이다. 수족手足의 보전과 도道는 관련이 없다. 누가 증삼을 높혔는지 알 수 없다. 논어의 허물이다. 전전긍긍戰戰兢兢은 지천명知天命 즉 명명덕明明德 이후에 닦는 경지境地이다.

논어촬요 제32장

興詩成樂章
홍시성악장

子曰 興於詩하여 立於禮하며 成於樂이니라 -太白
자 왈 홍 어 시 립 어 예 성 어 락

공자께서 말씀하셨다.
"시경詩經의 칠정七情 없음에 흥기興起하면, 절로 예禮에 서며, 곧게 음악音樂을 즐거워 하니라."

某解

■ 시詩의 사무사思無邪에 합해야 도道를 아는 것이다. 예禮와 음악音樂은 그 다음이다.

■ 성性을 밝히면 시詩를 알고, 절로 예禮에 서며, 해맑은 음악音樂에 합하는 것이다.

■ 음악音樂 또한 공부처工夫處가 될 수 있다. 음악音樂의 소리가 성性을 향하지 않음이 없는지라, 홀연히 칠정七情이 쉬어서 듣는다면 그 때가 불혹不惑의 개오開悟의 때가 되는 것이다.

守死善道章
수사선도장

子曰 篤信好學하며 守死善道니라 -太白
자 왈 독 신 호 학 수 사 선 도

공자께서 말씀하셨다.
"도道를 독실히 믿으면서 배우기를 좋아하며, 죽을 각오로써 도道를 공부해야 한다."

某解

■ 경공부敬工夫가 정미精微하게 되기 어려운 것은, 굳센 지志와 수사선도守死善道의 노력이 따르지 않기 때문이다.

■ 수사선도守死善道의 노력으로 이루는 곤이지困而知가 범부의 모범노정模範路程이다. 범부의 공부노정은 곤이지困而知이기 때문이다. 공부工夫가 익어가면, 창자를 달래고 먼 하늘을 바라만 보아도 쉬고 또 쉬며, 나날이 맑아진다. 어느 날 성천性天의 본래광명本來光明이 나타나 사방의 밤이 낮처럼 밝아질 것이다. 그러한 경계는 개오開悟가 가까워진 것이라 더욱 맑고 고요함을 지켜야 한다. 그러함에 노력을 더하면 반드시 성性이 드러나 무성무취無聲無臭의 진지眞知로써 보고 듣고 오고감에 거닐게 될 것이다.

絶四大道章
절사대도장

子絶四러시니 毋意, 毋必, 毋固, 毋我러시다 -子罕
자 절 사 무 의 무 필 무 고 무 아

공자孔子는 사상四象이 없으셨다. 칠정七情이 없고, 기필期必이 없으며, 집착執着이 없고, 환아幻我가 없으셨다.

某解

■ 절絶은 없애는 것이다. 무毋는 무無다. 의意는 칠정七情이요, 필必은 기필期必이요, 고固는 고집固執이요, 아我는 환아幻我의 뜻이다. 사상四象의 실체實體는 환幻이다.

■ 칠정七情은 본시 환幻이므로 칠정으로 지은 의意, 필必, 고固, 아我의 사상四象 역시 환幻인 것이다. 환의幻意를 알아 환아幻我를 쉬면, 환필幻必과 환고幻固가 따라서 쉬어 없게 되는 것이다.

■ 환幻은 환幻일 뿐이라 본래 없는 것이다. 환幻에 묶인 까닭은 업식業識에 속은 것이다. 고로 절絶은 없애는 것이 아니다. 그러므로 절사絶四는 본래 있지 아니한 것을 확인하는 것이다.

空空叩兩章
공공고양장

子曰 吾有知乎哉아 無知也로라 有鄙夫問於我하되
자 왈 오 유 지 호 재 무 지 야 유 비 부 문 어 아

空空如也로써 我叩其兩端而竭焉하노라 ㅡ子罕
공 공 여 야 아 고 기 양 단 이 갈 언

공자께서 말씀하셨다.
"내가 아는 것이 있는가? 나는 아는 것이 없다. 그러나 어떤 필부가 나에게 도道를 물으면, 나는 공공진지空空眞知로써 양단(人心과 道心)을 자세히 설명해준다."

某解

■ 무지無知란 칠정七情의 지知가 없다는 뜻이다. 공자孔子께서는 성性의 진지眞知로써 일용日用하므로 칠정七情의 지知가 없으므로 무지無知라 한 것이다. 칠정七情의 인심人心이 쉬면, 도심道心이 드러나지 않을 수 없다. 공공空空은 공공진지空空眞知요 공적영지空寂靈知이다. 공공空空이란 성性의 체體가 모습이 없다는 뜻이요, 칠정의 환幻이 비어 없다는 뜻이 아니다. 고叩는 인심人心과 도심道心을 자세히 설명한다는 의미이다.

■ 불가佛家의 공공空空은 정情이 공空하며, 공空하다는 그 말도 공空하

다는 뜻으로써 공공空空이라 한다. 유가儒家의 공공空空은 성性의 무상無象을 가리키고, 불가佛家의 공공空空은 정情이 본무本無함을 이른다.

■ 양단兩端이란 인심人心과 도심道心, 형이상形而上과 형이하形而下, 체體와 용用 등이다. 인심도심을 설명하고자 하면 형이상하와 체용의 도리가 절로 따른다. 그러므로 누가 와서 도道의 본의本意를 물으면, 자세히 설명해주지 않음이 없음을 말하는 것이다. 누가 와서 묻고 답한다 함은 그 사람과 그 때가 이른 뒤에 설명하는 것을 뜻한다.

■ 인심人心과 도심道心의 뜻을 확연廓然히 아는 이가 불혹군자不惑君子이다. 도심이 드러나면 인심은 이미 있지 아니한 것이다.

■ 체體와 용用이란 성性의 체體와 용用을 가리킨다. 그러나 성性은 하나일 뿐이다.

■ 형이상形而上과 형이하形而下란 계사繫辭에서 성性을 설명하는 말이다. 형이상形而上은 성性의 체體를 가리키고, 형이하形而下는 범부가 환식幻識하는 칠정七情을 의미한다.

그러므로 형이상形而上은 성性의 모습 없음을 가리키며, 형이하形而下는 환정幻情을 가리키는 것이다. 칠정의 내용은 환幻이나, 범부의 인식認識에 칠정의 모습을 두는지라 부득이 형이하形而下라 하는 이름하는 것이다. 서양철학의 형이상形而上, 형이하形以下 이론은 공자의 성론性論과 거리가 멀다.

克己復禮章
극기복례장

顏淵問仁한대 子曰 克己復禮爲仁이니
안 연 문 인 자 왈 극 기 복 례 위 인

一日克己復禮면 天下歸仁焉하리니
일 일 극 기 복 례 천 하 귀 인 언

爲仁由己니 而由人乎哉아
위 인 유 기 이 유 인 호 재

-顏淵

안연이 인仁을 묻자, 공자께서 말씀하셨다.
"자기自己의 성性을 밝혀 예禮를 회복함이 인仁을 하는 것이다. 어느 날 성性을 밝혀 예禮를 회복하면 천하가 인仁을 허여許與하는 것이다. 인仁을 하는 것은 자기에게 있다. 어찌 남에게 있는 것이겠는가?"

某解

■ 인仁이란 심성心性의 온전한 덕德이다. 극克은 초월超越이다. 기己는 칠정七情의 그릇이다. 복復은 회복함이다. 예禮는 무사無思의 행行이다. 극기복례克己復禮란 칠정의 환아幻我를 초월超越하여 지례至禮를 회복하는 계사전繫辭傳의 원시반종原始反終인 것이다.

■ 극기복례克己復禮에 나아가면 사사事事에 인仁 아님이 없다. 그러므로 천하가 인仁을 허여許與한다고 말씀한 것이다.

非禮勿行章
비례물행장

顏淵曰 請問其目하노이다 子曰 非禮勿視하며
안 연 왈 청 문 기 목 자 왈 비 례 물 시

非禮勿聽하며 非禮勿言하며 非禮勿動이니라
비 례 물 청 비 례 물 언 비 례 물 동

顏淵曰 回雖不敏이나 請事斯語矣리이다 -顏淵
안 연 왈 회 수 불 민 청 사 사 어 의

안연顏淵이 여쭈었다.

"성공부誠工夫의 요목要目을 여쭈겠습니다."

공자께서 말씀하셨다.

"(스스로) 지례至禮가 아니면 보지 말며, (스스로) 지례至禮가 아니면 듣지 말며, (스스로) 지례至禮가 아니면 말하지 말며, (스스로) 지례至禮가 아니면 동動하지 않는 것이다."

안연顏淵이 말하였다.

"제가 비록 불민不敏하오나 이 말씀을 받들기를 청請하옵니다."

某解

■ 이 장은 안회顏回가 개오開悟 이후에, 입성入誠하여 성공부誠工夫를 여쭈는 것이다. 공자께서 이 장에 예禮라 하심은 형례形禮가 아닌 지

례至禮이다. 지례至禮란 성무위誠無爲로써 행하는 것이다. 성무위誠無爲의 내용은 인仁이다.

그러므로, '非禮勿視하며 非禮勿聽하며 非禮勿言하며 非禮勿動이니라'는 '非仁勿視하며 非仁勿聽하며 非仁勿言하며 非仁勿動이니라'라 읽어야 뜻이 통한다. 여기서 비인非仁 즉 '인仁이 아니면'의 뜻은 안회의 공부를 가리킨다. 스스로 인仁에 거처하지 않는다면 어찌 인仁을 알 수 있겠는가? 스스로 인仁에 거처한 연후라사 남의 인仁을 알아볼 능력能力이 생기는 것이다. 공자께서 '비례물시非禮勿視하라' 함은, "너顏回가 인仁의 경지境地에 거처하면 예禮가 따르나니, 먼저 인仁에 온전히 계합契合하여 순일純一한 연후에 시청언동視聽言動에 나아가라"는 말씀이다. 시청언동視聽言動에 형례形禮로써 보고 듣는다고 해석하면, 이는 안회顏回의 공부가 아니며, 공자孔子의 상어上語라 할 수 없는 것이다.

■ 예禮는 지례至禮이다. 비지례물시청언동非至禮勿視聽言動은 타인의 경계가 아니라 안회의 숙제宿題이다. 비지례非至禮란 '성誠을 이루지 못하면'의 뜻이다. 지례至禮로 읽는다.

"스스로 지례至禮가 아니면 보지 말며, 스스로 지례至禮가 아니면 듣지 말며, 스스로 지례至禮가 아니면 말하지 말며, 스스로 지례至禮가 아니면 동動하지 않는 것이다."

논어촬요 제38장

爲己爲人章
위기위인장

子曰 古之學者는 爲己러니
자왈 고지학자 위기

今之學者는 爲人이로다
금지학자 위인

-憲問

공자께서 말씀하였다.

"옛날에 배우는 자들은 자신의 성性을 밝히는 공부工夫를 하였는데, 지금에 배우는 자들은 남에게 보이기 위한 공부를 한다."

某解

■ 공부工夫란 위기爲己 연후에 위타爲他할 수 있는 것이다.
다시 말해 공부란 참나를 밝힌 연후에 남에게 넓힐 수 있는 것이다.

■ 약간의 덕혜술지德惠術知로써 스승노릇 하는 것은 세상을 어지럽히는 것이다.

■ 부득이 스승노릇을 하게 되면, 모르는 것을 모른다고 하는 수밖에 없을 것이다. 그러나 무엇을 모르는지를 어떻게 알 것인지가 문제이다.

不憂不惑章
불우불혹장

子曰 君子道者三에 我無能焉하니 仁者는 不憂하고
자왈 군자도자삼 아무능언 인자 불우

知者는 不惑하고 勇者는 不懼니라 -憲問
지자 불혹 용자 불구

공자께서 말씀하셨다.
"군자君子의 도道가 셋인데, 나는 능能한 것이 없다. 인자仁者는 칠정七情이 없으며, 지자知者는 칠정七情에 미혹迷惑하지 않고, 용자勇者는 두려움이 없다."

某解

■ 용자勇者는 공부의지工夫意志가 강强하다. 수사선도守死善道로써 공부에 나아간 자는 두려움이 없는 것이다. 용자勇者는 약간若干의 견문見聞으로 덕혜술지德惠術知가 있으나 칠정七情에 미혹迷惑한 자이다.

■ 인仁에 거처居處하거나, 칠정七情에 미혹迷惑하지 않거나, 목숨 걸고 도道를 공부하는 셋을 모두 군자君子라 하는 것이다.

논어촬요 제40장

修己以敬章
수기이경장

子路問君子한대 子曰 修己以敬이니라
자로문군자 자왈 수기이경

曰 如斯而已乎잇가 曰 修己以安人이니라
왈 여사이이호 왈 수기이안인

曰 如斯而已乎잇가 曰 修己以安百姓이니
왈 여사이이호 왈 수기이안백성

修己以安百姓은 堯舜도 其猶病諸시니라 -憲問
수기이안백성 요순 기유병제

자로子路가 군자君子에 대하여 여쭈니, 공자孔子께서 답하셨다.

"경敬으로써 자기自己를 닦는 것이다."

자로가 말했다.

"이와 같을 뿐입니까?"

"자기自己를 닦아서 사람을 편안便安하게 하는 것이다."

라고 답하셨다.

"이와 같을 뿐입니까?"

하고 다시 여쭈자, 다음과 같이 말씀하셨다.

"자기自己를 닦아서 백성을 편안便安하게 하는 것이니, 자기自己를 닦아서 백성을 편안하게 함은 요순堯舜께서도 오히려 부족하게 여기셨다."

某解

■ 수기이경修己以敬 : 경敬이란 자기自己를 닦아 성性을 회복回復하는 공부방법工夫方法이다. 경敬이 아니면 밝아질 수 없는 것이니 수행인修行人은 모름지기 경敬에 힘써야 하는 것이다.

■ 수기이안인修己以安人 : 자기自己를 닦아 성性을 회복回復한 연후에, 자신을 믿고 따르는 이에게 수행修行의 목적目的과 방법方法을 가르쳐 넓히는 것이다.

■ 수기이안백성 요순병제修己以安百姓 堯舜病諸 : 성인聖人은 문인門人을 공부에 들게 한 연후에, 온 나라 사람에게 도道가 넓혀질 것을 기대期待하고 노력努力하여 가르친다. 요순堯舜이래로 현성賢聖의 기대期待와 노력努力이 그친 적이 없다.

그러나 도道는 스스로 닦는 것이다. 자기를 밝힌 이후에 남을 밝게 이끄는 것이다. 성인聖人은 범부 스스로가 발분發憤하여 도道에 나아가기를 끝을 두지 않고 기대하며 기다리는 것이다.

논어촬요 제41장

一以貫之章
일이관지장

子曰 賜也아 女以予爲多學而識之者與아
자왈 사야 여이여위다학이지지자여

對曰 然하이다 非與잇가
대왈 연 비여

曰 非也라 予는 一以貫之니라 -衛靈
왈 비야 여 일이관지

공자께서 말씀하셨다.

"사賜야! 너는 내가 많이 배우고 그것을 기억記憶하는 자라고 여기느냐?"

자공子貢이 대답하였다. "그렇습니다. 아닙니까?"

공자께서 말씀하셨다. "아니다. 나는 하나의 이치로 꿰느니라."

某解

■ 중사中士는 공자께서 성性 하나의 진지眞知로써 설說하는 줄 알지 못한다. 하나의 진지眞知란 성性의 천연天然이다.

밝은 이는 천연天然의 성性으로 천하만사天下萬事에 응應하는 것이다. 이를 일러 일이관지一以貫之라 하는 것이다.

중사中士는 칠정七情이 몽환夢幻인 줄 알지 못하므로 도道에서 먼 것이다.

논어촬요 제42장

無爲而治章
무위이치장

子曰 無爲而治者는 其舜也與신저 夫何爲哉시리오
자왈 무위이치자 기순야여 부하위재

恭己正南面而已矣시니라 —衛靈
공기정남면이이의

공자께서 말씀하셨다.
"무위無爲로써 다스리신 자는 순舜임금이시다. 무엇을 하셨는가? 자기自己를 공손히 하고, 남면南面을 하였을 뿐이셨다."

某解

■ 무위無爲란 일용행사日用行事에 칠정七情의 무념無念으로 동용주선動容周旋하는 것이다. 무위이치無爲而治는 종심從心의 경지로써 공자 만년晩年의 경지이다.

■ 기정己正이란 칠정七情이 몽환夢幻인 줄 알아서 능能히 칠정七情에 속지 않고 만사萬事에 응應하는 것이다.

■ 남면南面이란 무념無念이 부동不動하여 세사世事를 관觀하는 것이다. 기정己正, 남면南面, 무위無爲는 하나의 뜻이다.

논어촬요 제43장

不如學也章
불여학야장

子曰 吾嘗終日不食하고 終夜不寢하여 以思하니
자 왈 오 상 종 일 불 식 종 야 불 침 이 사

無益이라 不如學也로라 -衛靈
무 익 불 여 학 야

공자께서 말씀하셨다.

"내 일찍이 종일終日토록 밥을 먹지 않으며 밤새도록 잠을 자지 않고서 생각하니, 유익有益함이 없었다. (道를) 공부工夫하는 것만 같지 못하다."

某解

■ 도道를 공부工夫하는 것은 인생대사人生大事이다. 세상의 어떤 일을 이 공부에 상대相對하여 비교比較할 수 있겠는가?

■ 공자께서 '내 일찍이 종일토록 밥을 먹지 않으며 밤새도록 잠을 자지 않고서 생각하니, 유익함이 없었다. 도道를 공부하는 것만 같지 못하다.'라 하신 것은 중사中士 문인門人을 깨우치기 위한 권도權導이다.

■ 불여학야不如學也에 크게 느끼지 못하는가?

논어촬요 제44장

性近習遠章
성근습원장

子曰 性相近也나 習相遠也니라 -陽貨
자 왈 성 상 근 야 습 상 원 야

공자께서 말씀하셨다.
"성性을 반지反之, 返照하는 공부는 도道에 가까우나, 정습情習을 하나하나 고치며 닦는 것은 도道에서 멀다."

某解

■ 상相은 바탕이다. 성근습원장性近習遠章은 성性을 바탕相하여 닦으면 가까우나, 칠정七情의 습習에 차례를 두어 고쳐 나아가는 공부를 바탕하면 도道에서 멀다는 뜻이다. 명성공부明性工夫와 수습공부修習工夫의 공부의 차이는 빠르고 더딤이 있는 것이다. 누가 빠름을 피하여 더딤을 택하겠는가?

■ 성상性相의 수행방법修行方法은 성즉명誠則明 명즉성明則誠의 실實에 곧바로 합하는 것이요, 습상習相의 수행방법은 지志와 입경습入敬習을 익히며 공부하는 것이다.

■ 성근습원장性近習遠章에 대해 정이程頤가 말한다.
"이것(性相近也 習相遠也)은 기질지성氣質之性을 말한 것이요, 본연지성本然之性을 말한 것이 아니다. 그 근본으로 말하면 성性은 곧 이理요, 이는 선善하지 않음이 없으니, 맹자께서 말씀하신 성선性善이 바로 이것이다. 어찌 서로 비슷하다는 말이 있을 수 있겠는가?"

정이程頤의 말에 허물 넷이 보인다.

1. 성性을 기질지성氣質之性과 본연지성本然之性 나누어 이성二性으로 보아, 공자의 성性이 하나인 가르침과 달리 한다. 정이의 맹견盲見이다.

2. 성性을 선善으로 이해하고, 정情을 악惡할 수 있는 것이거나 악惡으로 본다. 성性은 선악善惡에 속屬하지 않는다. 선악善惡은 정情이다. 성선性善은 맹자 젊을 때의 오류誤謬이다.

3. 성性을 이理라 하고 선善하지 않음이 없다고 한다. 성性은 모습과 소리와 냄새가 없으나 실實이다. 실實이므로 도道라 이름하는 것이다. 이理라고 해서는 아니 된다.

4. 性相近也를 어찌 '서로 비슷하다'는 말이 있을 수 있겠는가? 하여 정이가 난독難讀을 보인다. 근近은 여기에서 '가깝다'의 뜻이다. '비슷하다'가 아니다.

정이程頤가 사유思惟로써 성性을 헤아려 짐작하는 까닭에 이러히 말을 하는 것이다.

不磷不緇章
불린불치장

子曰 不曰堅乎아 磨而不磷이니라
자 왈 불 왈 견 호 마 이 불 린

不曰白乎아 涅而不不緇니라 -陽貨
불 왈 백 호 열 이 불 불 치

공자께서 말씀하셨다.
"성性은 단단하다고 말하지 아니할 수 없다. 갈아도 얇아지지 않나니, 희다고 말하지 않을 수 없도다. 검은 물을 들여도 검어지지 않나니……."

某解

■ 성性의 불변不變을 드러내는 장章이다. 마이불린磨而不磷 날이불치涅而不緇란 천지天地가 변變하여 사라진다 해도 성性은 불변不變하여 두렷하다는 뜻이다. 맹자는 불가불손不加不損이라 해설하였다. 성性은 어떠한 환란患亂에도 젖지 아니하고, 타지 아니하며 더해지거나 덜어지는 것이 아니다. 성性은 불변不變이다.

■ 성인聖人이 인생人生의 본원소식本源消息을 전하나, 귀貴하게 여기는 자가 드물다.

天何言哉章
천하언재장

子曰 予欲無言하노라 子貢曰 子如不言이시면
자왈 여욕무언 자공왈 자여불언

則小子何述焉이리잇고 子曰 天何言哉시리오
즉소자하술언 자왈 천하언재

四時行焉하며 百物生焉하나니 天何言哉시리오 -陽貨
사시행언 백물생언 천하언재

공자께서 말씀하셨다.

"나는 말을 하지 않으려고 한다."

자공子貢이 말하였다.

"선생님께서 만일 말씀하지 않으시면 저희들이 어떻게 도道를 전傳하겠습니까?"

공자께서 말씀하셨다.

"허공虛空이 무슨 말을 하더냐? 사시四時가 흐르고, 만물萬物이 나고 자라 스러짐에, 허공虛空이 무슨 말을 하더냐?"

某解

■ 무언無言은 상교上敎이다. 성性을 언어言語로 설명하는 데는 한계가 있다. 모습 없고, 소리 냄새 없으며, 적연寂然히 부동不動하며 진지眞知

를 나투는 자리를 온전히 설명할 수가 없는 것이다. 그런 까닭으로 공자께서 먼저 무언無言을 들어 보이고, 허공虛空에 비유하여 곧바로 가리켜 보인 것이다.

■ 무언無言의 교教는 자공子貢 등의 지혜智慧로는 감당하기 어려운 과제課題이다. 노자老子가 '처무위지處無爲之事 행불언지교行不言之教'라 하였다. 공자孔子의 불언不言과 노자老子의 불언不言이 통하는 것이다.

■ '천하언재天何言哉'는 성性을 허공에 비유한 말씀이라 반드시 '허공虛空이 무슨 말을 하던가?'라 읽어야 한다. 천天자에 대해 허공虛空 외에 이렇게 저렇게 해석하나 모두가 공자孔子의 뜻이 아니다.

■ 사시四時가 운행運行되고 온갖 만물이 생장生長하는 것은 천연天然으로 유행流行하는 것이다. 천리天理는 말을 기다리지 않고 행한다. 천리天理에 대한 설명을 두는 것은 그 모습과 자취를 따라 그 대강을 읊조리는 것이다.

■ 성性은 무언無言이나 만사萬事를 나투고, 그 나툼에 무위無爲하여 적연부동寂然不動이다. 그러므로 언이무언言而無言이라 하는 것이다.

■ 성性의 불언처不言處를 알려고 하는가? 봄바람과 가을 홍엽紅葉에 칠정의 언어가 붙지 아니함을 볼지니라!

允執其中章
윤집기중장

堯曰 咨爾舜아 天之曆數在爾躬하니 允執其中하라
요왈 자이순 천지력수재이궁 윤집기중

四海困窮하면 天祿이 永終하리라 -堯曰
사해곤궁 천록 영종

요堯임금이 말씀하셨다.
"아! 너 순舜아, 하늘의 역수曆數가 너에게 있나니, 진실하게 그 성性, 中을 잡아라. 사해四海가 곤궁困窮하면 천록天祿이 영원히 끊어질 것이다."

某解

■ 뜻으로 풀면 다음과 같다.
"아! 순舜아 천도天道를 이어 드밝게 펴는 사업事業은 너에게 있다. 너는 진실眞實로 정미精微하게 성性을 지켜 관觀하라! 천하天下에 도道를 밝혀 펴는 자者가 없으면, 천도天道는 영원히 끊어질 것이니라."

■ 윤집기중允執其中은 명성明性 이후의 공부이다. 경이직내敬以直內하여 명성明性한 이후라야 윤집기중允執其中의 공부에 들 수 있다.

■ 이 장章은 명성明性 이후의 공부요결工夫要訣이다. 천하에 천도天道

가 끊어지게 될 것을 걱정하여, 요堯임금이 순舜임금에게 지성至誠의 경지에 나아갈 것을 당부한 것이다.

■ 시경詩經을 본다.

人心惟危하고 道心惟微하나니 惟精惟一하여 允執闕中하라

"인심人心은 위태하고, 도심道心은 은미隱微하다. 오직 정미롭고 한결같이 하여 진실로 성性이 깨어 있어야 하니라."

인심人心과 도심道心의 설명이 간명簡明하고, 입성入誠이후의 공부 방법을 가리켜 보인다. 유정유일惟精惟一과 윤집궐중允執闕中의 이로理路는 거성居誠한 이라야 자세仔細히 알 수 있다. 중용中庸의 성설誠說과 더불어 상선上善의 지남指南이다.

■ 윤집기중允執其中과 윤집궐중允執厥中은 같은 뜻이다. 중中은 성性을 가리키며 성명惺明의 뜻을 갖추고 있다.

■ 궐중厥中의 뜻은 지천명知天命하여 거성居誠 하여도 거칠고粗 미세微細한 칠정七情이 일어나므로 고요히 하여, 칠정七情으로 성性을 어둡지 않게 하라는 말씀이다.

■ 이순耳順의 경지境地에도 약간의 칠정七情이 일어나지 않는 것이 아니다. 그러므로 공자孔子께서 지성至誠을 말씀한 것이다.

■ 인심人心에는 조중조칠정粗中粗七情, 조중세칠정粗中細七情, 세중조칠정細中粗七情, 세중세칠정細中細七情으로 나뉜다. 칠정七情이 온전히 일어나지 않는 경지境地를 지성至誠이라 한다.

■ 불혹不惑 종심從心 등에 칠정七情을 비추어보면,

불혹不惑은 거친 중에 거친 칠정에 거처함이요,

지천명知天命은 거친 중의 미세한 칠정에 거처함이요,

이순耳順은 미세한 중에 거친 칠정에 거처함이며,
종심從心은 미세한 중에 미세한 칠정에 거처함이요,
지성至誠은 칠정이 나지 않는 무정無情의 경지境地이다.

이는 칠정七情을 쉬는 공부경지를 보인 것이다. 칠정七情의 정체正體는 환幻이나 다만 범부가 어두운 까닭에 알지 못하는 것이다. 그러므로 그 도리道理를 배워, 그 경지境地에 나아가 칠정七情이 환幻임을 증오證悟하여 확인確認해야 한다. 공자孔子께서 40에 불혹不惑하였다고 하신 것은 칠정七情의 환幻에 속지 않는 경지가 불혹不惑이라고 보보이신 것이다.

범부가 즐겨 쓰며 울고 웃는 칠정七情이 다만 환幻일 따름이다. 성인의 가르침이란 범부의 미혹迷惑을 부수는 데 있는 것이다.

맹자촬요
孟子撮要

맹자택유 孟子擇乳
사십사장 四十四章

孟子撮要序

맹자촬요서

맹자孟子에는 명성明性의 공부과정工夫過程에서 드러낸 미언迷言과 개오처開悟處와 노성견처老成見處와 공부노정工夫路程이 섞여 있다. 맹자孟子의 개오처開悟處와 노성견처老成見處를 보지 못한 정이程頤와 주희朱熹는, 맹자의 말을 가려 읽지 못하는 까닭에 성즉이론性卽理論, 이기론理氣論, 체용론體用論 등의 설명說明에 병어病語를 보인다. 정이와 주희는 맹자의 우산지목설牛山之木說, 성선설性善說, 사단칠정설四端七情說 등의 맹자미설孟子迷說에 영향을 받아 억논臆論을 편 것이다. 맹자미설孟子迷說의 허물이 공문정로孔門正路에 안개를 흩어 놓은 것이라 하겠다.

그리하여 지난 천년 동안 성리설性理說의 허언虛言에 기댄 수많은 선비들이 궁리사변窮理思辨의 말에 취해, 실다운 명성공부明性工夫에 나아가지 못했던 아쉬움이 있는 것이다. 지금 세상은 맹자孟子의 공부가 설익은 때와 내용을 가리키고, 정이程頤의 밝지 못한 바와 주희朱熹의 억논臆論을 지적하기 알맞은 시절이라 하겠다. 뒷날의 선비들이 악지악견惡知惡見의 명로冥路에서 허대지 않고, 곧바로 공문孔門의 명성공부明性工夫에 나아가기를 희망하는 것이다. 우愚는 사문난적斯門亂賊이나 패유悖儒로 불리는 것에 시름하지 아니하고, 풍비박산風飛雹散의 문화文禍를 걱정하지 않는다. 다만 뒷날의 선비가 병설病說에 젖지 않고, 곧바로 공문정로孔門正路에 나아가 칠정七情의 지止를 배우고, 사무사思無邪의 의意를 자득自得하여 일이관지一以貫之하기를 바랄 뿐이다.

명明의 우익지욱藕益智旭이 맹자택유孟子擇乳를 지었다가 분서파판焚書破板의 화禍를 만나 오늘에 전하지 않는다. 우익지욱藕益智旭을 생각하며 맹자촬요孟子撮要의 부제副題를 맹자택유孟子擇乳라 하였다. 절切이란 바로잡는다는 뜻이다. 어긋나면 바로잡아야 한다. 바로잡지 않으면 바르지 못한 것이 주인노릇을 하게 되고, 바르지 못한 것이 오래되면 나쁜 문화文化가 주인자리를 차지한다. 문화文化는 바르게 되어야 하고 사람은 올곧고 밝아야 한다. 유교문화儒敎文化가 공문정로孔門正路에 어긋나지 않아야 사람이 사람답게 사는 공부길이 바르게 서는 것이다.

2015 古秋, 方外三碧峙에서 菑盧 쓰다.

寡欲養心章
과욕양심장

孟子曰 養心에 莫善於寡欲하니라 -盡心
맹자왈 양심 막선어과욕

맹자가 말씀하였다.
"마음을 수양修養함에 욕심을 적게 하는 것보다 더 좋은 것이 없느니라."

某解

■ 양養은 명明 즉 밝히다. 양심養心이란 명성공부明性工夫이다.

■ 과욕寡欲이란 최소한의 욕심欲心을 의미한다. 안회顔回는 궁촌窮村에서 밥 한 덩이, 나물 한 접시, 물 한 표주박으로 하루에 한 끼니만을 먹으며 창자를 달래며 경敬으로 직내直內하여 정미롭고 한결같이唯精唯一 성性으로 소요逍遙하였다. 이런 까닭으로 안회顔回를 공문孔門의 수문인首門人이라 하는 것이다. 과욕寡欲이란 칠정七情의 세상을 잊고 도道에 드는 처음인 것이다.

■ 욕심欲心을 쉬고 뜻이 높아야 경공부敬工夫에 들 수 있다. 경敬으로 직내直內하는 선비는 상사上士이다.

■ 욕심欲心을 쉰다는 것은 세욕世欲을 잊는 것이다. 이른바 망세忘世

이다. 세욕世欲을 품은 체, 명덕明德즉 성性을 밝히려 하는 것은 계란으로 바위를 깨려는 것과 같다.

■ 공자孔子께서 대장부大丈夫가 도道에 나아갔다면, 살림살이가 곤궁하여 나물먹고, 물마시고, 팔베개하고 누웠더라도 적연부동寂然不動의 무위無爲에 거처한다고 하였다. 먼저 무욕無欲이 서야, 도道의 문門 앞에 설 수 있는 것이다.

■ 선말거유鮮末巨儒 소눌小訥(1855~1931)선생이 무욕설無欲說과 정좌설靜坐說을 설하고 사칠가미탕론四七加味湯論을 세웠다. 그 대요大要는 세정世情을 멀리하여 고요함을 얻은 연후에, 사단四端과 칠정七情을 끊여 흔적痕迹을 없애야 하나의 물맛을 볼 수 있다고 한 것이다. 그 물맛을 온전히 보려 하면 오직 무욕無欲으로 정념靜念하여, 경敬으로 성誠에 들어야한다고 하였다. 이는 주희朱熹의 수양설修養說과 다르다. 소눌집小訥集의 벽설壁說 등에 자세하다.

邪世不亂章
사세불란장

孟子曰 周于悳者는 邪世不能亂이니라 —盡心章
맹 자 왈 주 우 덕 자 사 세 불 능 난

맹자가 말씀하였다.
"덕德이 두루하여 밝은이는 삿된 세상이 그를 어지럽히지 못하니라."

某解

■ 덕德이 두루한 이란 성性,明德을 밝힌 자者이다.

■ 덕德이 두루한 이는 세상 속에서 세상 밖에 거닌다. 성誠에 거처하는 것이다.

■ 무욕無欲이 서고, 참나眞我, 性를 밝힘에 뜻을 두어 행하는 이라야 공문孔門의 선비라 할 수 있는 것이다.

不爲有爲章
불위유위장

孟子曰 人有不爲也而後에 可以有爲니라 —離婁章
맹자왈 인유불위야이후 가이유위

맹자가 말씀하였다.
"사람은 하지 않는 것無欲忘世이 있은 뒤에야, 나아가 도道를 배울 수 있는 것이다."

某解

■ 망세忘世란 피세避世와 통한다. 범부凡夫들은 대체로 피지避地로써 피세避世를 삼는다.

■ 피지避地는 사람과 세상世上을 피避하는 것이요, 피세避世란 세상世上 가운데서 세상世上을 잊는 것이다.

■ 해서는 안 될 일을 하지 않으며, 하지 않아도 될 일을 그치면 간소簡素에 가깝다. 도덕경道德經의 손지우손損之又損도 칠정七情을 쉬는 공부이다. 다만 칠정七情을 덜어내고 또 덜어내는 것이 공부의 요령要領이다. 이에 익으면 무욕망세無欲忘世에 드는 것이다. 무욕망세無欲忘世에 순숙純熟하기를 오래하면 성性이 스스로 밝아진다.

맹자촬요 제4장

鄙夫無責章
비부무책장

孟子曰 人之易其言也는 無責耳矣니라
맹자왈 인지이기언야 무책이의

–離婁章

맹자가 말씀하였다.
"사람이 말을 함부로 하는 것은 꾸짖음을 받지 않았기 때문이다."

某解

■ 가학家學이 있고, 스승師이 있으면 꾸지람이 있다. 꾸지람이 있으면 곧 고치게 된다.

■ 스승 없이 공부하면 바르게 되기 어렵다. 소옹邵雍, 주돈이周敦頤, 정호程顥, 육구연陸九淵 등도 밝은 스승을 찾아 두루 다녔다.

■ 자시自是, 자고自高, 자대自大하는 자는 반드시 꾸지람이 필요하다.

良心夜氣章
양심야기장

孟子曰 牛山之木이……其所以放其良心者 亦猶斧
맹 자 왈 우 산 지 목 기 소 이 방 기 량 심 자 역 유 부

斤之於木也에 旦旦而伐之어다 夜氣不足以存이면……
근 지 어 목 야 단 단 이 벌 지 야 기 부 족 이 존

-告子章

맹자가 말씀하였다.

"우산牛山의 나무가……그 양심養心, 眞心을 잃어버림이 또한 도끼와 자귀가 숲의 나무를 아침마다 베어가는 것과 같으니, 야기夜氣가 보존될 수 없으면……."

某解

■ 양심良心은 진심眞心을 가리킨다.

■ 우산牛山의 나무를 성性에 비유하여 맹자가 설명한 것이다. 일견 그럴듯해 보이나 내용은 병비病比이다. 성性을 설명함에, 우산牛山의 나무를 기르고 베어가는 것에 비유하여 설명하였는데, 성性은 물 주어 기르는 것이 아니며, 베어서 잘라지는 것이 아니다. 뒷날의 맹자는 성性은 불가불손不加不損 즉 '성性은 더하거나 뺄 수 있는 것이 아니다. 성性은 그 분分이 불변不變이다.'[孟子撮要 32장, 不加不損章]라고 고

쳐 말한다. 맹자 책 한 권에는 노소老少와 미명迷明이 섞여 있어, 깊이 사유하여 실심實心에 기대보고, 밝은이에게 물어 바로잡아야 한다.

■ '야식夜息과 우로雨露의 적셔주는 바'라 설명함에 야식夜息은 성性에 가까우나, 우로雨露는 적절한 비유가 아니다. '아침마다 나무를 베어간다'는 말은 더욱 어긋난다.

대저 하사下士는 이 말로써 성性을 추측推測하여 고집固執하게 되니 그 병폐病弊가 심한 것이다. 맹자에 영향을 받은 주희朱熹와 이황李滉도 여기서 벗어나지 못했다.

이것은 맹자孟子가 성性을 밝히 알지 못한 중년中年의 말이다. 중년中年의 맹자는 성性을 밝히는 공부를 '나무(性)에 물을 주고, 해치지 않고 가만히 두면 잘 자란다.'라고 이해理解한 것이다. 그러므로 병비病比인 것이다.

성性은 가꿈을 받아 자라는 것이 아니다. 성性은 무성무취無聲無臭요, 날이불치涅而不緇요, 마이불린磨而不磷이요, 적연부동寂然不動이다. 다만 칠정七情을 쉬면 밝아져, 본래의 성性을 회복回復하는 것이다. 이 밖에 다른 길을 논하는 자는 공자의 뒷사람이 아니다.

■ 맹자 만년에 '성性은 더할 것도 뺄 것도 없다' '성性은 그 분分이 불변不變이다' '형색形色이 천성天性이다'라고 한다. 만년의 맹자는 견처見處가 탁연卓然히 높아진 것이다.

匹夫師病章
필부사병장

孟子曰 人之患이 在乎爲人師니라 -離婁章
맹 자 왈 인 지 환 재 호 위 인 사

맹자가 말씀하였다.
"사람들의 병통病痛은 남의 스승이 되기를 좋아함에 있다."

某解

■ 남의 스승이 되어 존숭 받고 싶어 함은 필부匹夫들의 오래된 병病이다. 자시병自是病(스스로 높다 여기며 잘난 체하는 것, 孟子撮要 28章)에서 벗어나, 지혜롭되 소박素朴에 거처하지 않으면 도심道心을 밝히기 어렵다.

소박문素朴門은 무욕피세문無欲避世門 다음의 문門이다. 어찌 몇 마디 덕혜술지德惠術知를 귀에 적신 소득所得으로써 남의 스승이 되고자 해서 되겠는가?

■ 공문孔門의 도道는 위기지학爲己之學이다. 먼저 자신을 밝히고 남을 이롭게 하는 것이다. 즉 명자명타明自明他인 것이다. 공부工夫란 자신의 성性을 밝혀 세상이 본래 평평무사平平無事함을 확인確認하는 것이다.(修其身이 天下平이니라. 撮要 27)

眸子瞭焉章
모자료언장

孟子曰 存乎人者莫良於眸子하니
맹 자 왈 존 호 인 자 막 양 어 모 자

眸子不能掩其惡하나니 胸中正이면 則眸子瞭焉하고
모 자 불 능 엄 기 악 흉 중 정 즉 모 자 료 언

胸中不正이면 則眸子眊焉이니라 聽其言也요
흉 중 부 정 즉 모 자 모 언 청 기 언 야

觀其眸子면 人焉廋哉리오 -離婁章
관 기 모 자 인 언 수 재

맹자가 말씀하였다. "사람에게 보존되어 있는 것性은 눈동자보다 더 좋은 것이 없으니, 눈동자는 그의 그릇됨을 가리지 못한다. 가슴 속이 바르면 눈동자가 맑고, 가슴 속이 바르지 못하면 눈동자가 흐리다. 그의 말을 들어보고 그의 눈동자를 관찰한다면 사람들이 어떻게 자신을 숨기겠는가."

(眸:눈동자 모, 掩 : 가릴 엄, 瞭:밝을 료, 眊:눈 흐릴 모, 廋 : 숨길 수)

某解

■ 눈은 청정광명清淨光明의 창窗이다. 눈에는 범부칠정凡夫七情의 씀이 오롯이 드러나는 것이다. 어찌 칠정七情이겠는가? 진심眞心을 밝힌 이가 진심眞心이 칠정七情에 머무름이 없으면 그 눈이 해맑을 것이다. 진심眞心이 성性이다.

맹자촬요 제8장

天下廣居章

천하광거장

孟子曰 居天下之廣居하며 立天下之正位하며
맹자왈 거천하지광거 입천하지정

行天下之大道하여 得志하여는 與民由之하고 不得志하여는
행천하지대도 득지 여민유지 부득지

獨行其道하여 富貴不能淫하며 貧賤不能移하며
독행기도 부귀불능음 빈천불능이

威武不能屈이 此之謂大丈夫니라
위무불능굴 차지위대장부

－滕文公章

맹자가 말씀하였다.

"천하天下의 넓은 집仁에 거처하며, 천하天下의 바른 자리禮에 서며, 천하天下의 대도大道, 仁義를 행하여, 뜻을 얻으면 백성과 함께 도道를 행하고, 뜻을 얻지 못하면 홀로 그 도道를 행하여 부귀富貴가 마음을 방탕放蕩하게 하지 못하며, 빈천貧賤이 절개節槪를 옮겨놓지 못하며, 위무威武가 지조志操를 굽히게 할 수 없는 것, 이를 대장부大丈夫라 이르는 것이다."

某解

■ 인仁에 거처居處하는 것이 광거廣居이다. 인자仁者는 부귀富貴와 빈천貧賤과 난세亂世가 그를 바꾸지 못한다. 맹자는 인자仁者를 대장부大丈夫라 하였다.

禍福出己章
화복출기장

孟子曰 禍福이 無不自己求之之者니라 —公孫丑章
맹자왈 화복 무불자기구지지자

맹자가 말씀하였다.
"화禍와 복福이 자기로부터 구하지 않는 것이 없다."

某解

■ 시경詩經에 이른다. "천명天命, 性에 합合하고저 노력함에 스스로 지극한 복을 갖추게 되는 것이다."(詩云 永言配命이 自求多福이라)

■ 세상의 화禍와 복福은 모두 스스로 지은 것이다. 다만 스스로 알지 못하여 밖을 향하여 원망하고, 애써 복福을 구하는 것이다. 화禍와 복福은 인과응보因果應報일 따름이다.

■ 공자孔子는 생이지지生而知之라 한다. 생이지지生而知之는 과거세過去世에 이미 지혜智慧가 밝았다는 뜻이다. 이는 스스로 구求한 것이다. 이미 밝아졌다면 미래세未來世에도 그 밝음을 잃지 않는 것이다.

不動心章
부동심장

孟子曰 我는 四十에 不動心호라. 又曰 是不難하니
맹 자 왈 아 사십 부 동 심 우 왈 시 불 난

告子도 先我不動心하니라 —公孫丑章
고 자 선 아 부 동 심

맹자가 말씀하였다.

"나는 40세에 마음志을 동요動搖하지 않았노라."

또 말씀하였다.

"이것은 어렵지 않으니, 고자告者도 나보다 먼저 도道에 나아간 뜻을 움직이지 않았다."

某解

■ 맹자의 부동심不動心은 지志로써 입경立敬한 것이다. 맹자가 도道를 배움에 뜻을 두어 입경立敬한 나이가 40세라는 것이다. 공자孔子께서는 15세에 지志가 부동不動이었고, 30세에 입경立敬에 성성惺惺이었다.

■ 맹자가 어렵지 아니하다고 한 것은 경지境地가 아니라 결심決心의 지志이기 때문이다. 결심이 서면 곧 행할 수 있고, 행하면 입경立敬할 수 있다. 고자告者는 맹자孟子보다 먼저 부동지不動志하여 개오開悟하였다.

맹자촬요 제11장

浩然之氣章
호연지기장

孟子曰 我는 知言하며 我는 善養吾浩然之氣하노라.
맹자왈 아 지언 아 선양오호연지기

—公孫丑章

맹자가 말씀하였다.

"나는 (聖人의) 말씀智慧을 알며, 나는 나의 호연지기浩然之氣를 잘 지키노라."

某解

■ 지언知言이란 성인聖人이 성性과 천도天道에 대해 가르치는 말씀을 잘 안다는 뜻이다.

■ 논어論語 요왈편堯曰篇의 "성인聖人의 말을 알지 못하면 '참사람'을 알 수 없다(不知言이면 無以知人也니라)"와 통한다. 성인聖人의 말씀智慧을 알아야 범부凡夫의 병病이 보이고, 그 병의 내용을 알 수 있는 것이다.

■ 양養은 '지키다守'이다. '기른다'로 새기면 그르친다. 성性은 불가불손不加不損이요 마이불린磨而不磷인 까닭에 기를 수 있는 것이 아니다. 양養은 마땅히 수守로 새겨야 하는 것이다. 선유先儒가 부지不知하여 간과看過한 곳이다. 군자지수君子之守[孟子撮要 27장]에 그 뜻이 온

전하다.

"감히 묻겠습니다. 무엇을 호연지기라 합니까?" 맹자가 답하였다. "말하기 어렵다."(敢問 何謂浩然之氣니잇고? 曰難言也니라.)

맹자가 답答하기 어렵다고 한 것은 이때에 진심眞心을 알았기 때문이다. 진심眞心은 모습 없이 만고萬古에 두렷하여 그 허현虛玄한 묘도妙道를 설명하기 어렵거니와 억지로 설명하면 그르치는 것이다. 진심眞心의 대체大體를 가리켜 보이면, 청자聽者가 그 요要를 얻어 스스로 진심眞心을 자득自得하여야 하는 것이다. 혹은 오래오래 반지反之하여 무념無念에 거처居處하면 명성明性하는 것이다.

■ 성性은 언제나 청정淸淨하고 광명光明하다. 청정광명淸淨光明의 기운을, 맹자는 호연지기浩然之氣라 이름한 것이다. 호연지기는 성性의 천연지기天然然氣이다. 청정광명淸淨光明, 천연지기는 신농씨神農氏의 말이다. 도道는 기르는 것이 아니라 밝혀서 지켜야 하는 본래사람의 소식消息이다. 성性의 두렷 밝은 기운을 가리켜 보이는 표현에, 호연지기보다 천연지기가 더 가깝다.

■ 논어論語에 이른다. "명성明性하였더라도 성誠하여 인仁을 성성惺惺히 지키지 못하면, 반드시 공부工夫을 잃게 되느니라(知及之라도 仁不能守之면 守得之나 必失之니라)"

대개의 현덕賢德은 명성明性으로써 도道를 자처하지만, 공자께서는 나아가 불성不誠이면 공부工夫를 잃는다(不誠無物)고 경계警戒의 말씀을 하신 것이다.

■ 조식曺植, 南冥이 옷깃에 늘 걸고 다녔다는 성성자惺惺子라 이름붙인 방울은 경敬하고자 함이다. 이는 애써 반지공부反之工夫를 연습練習한 것이다. 성성연습惺惺練習에 힘쓴 자도 드문지라 조식의 반지反之를 뒷

사람이 높이나, 조식은 불혹不惑의 경지에 이르지 못했다.

■ 맹자가 말씀하였다. "내 행行함이 있지 못하거니와, 내가 원하는 것은 공자孔子를 배우는 것이다. 민民이 있은 이래로 공자孔子 같은 분은 계시지 않았다."(孟子曰 吾未能有行焉이어니와 乃所願則學孔子也라 生民以來로 未有孔子也시니라) 이는 성誠하기 어렵고, 성성惺惺하기 더욱 어려운 것을 토로吐露한 것이다.

■ 정이程頤가 말하였다. "맹자의 이 장은 전성前聖이 발명發明하지 않은 것을 확충하셨으니 배우는 자들이 마땅히 마음깊이 완색玩索하여야 할 것이다."(程頤云 孟子此章은 擴前聖所未發하시니 學者所宜潛心而玩索也니라) 정이程頤의 이 말은 호연지기浩然之氣라 맹자가 말하였는데, 그 내용은 공자도 밝히지 못한 것이라 한 것이다. 정이가 미혹迷惑하면서 추측으로 아는 체하는 것이다. 막힌 지혜는 그 때가 아니면 성인도 어찌할 수 없는 것이다.

■ 공자孔子께서 적연부동이감통천하寂然不動而感通天下라 하신 것이 가장 높고 밝은 가르침이다. 이 말씀에는 무성무취無聲無臭, 무형무색無形無色, 날이불치捏而不緇, 마이불린磨而不燐, 연비어약鳶飛魚躍, 불식연천不息淵泉, 사무사思無邪, 일이관지一以貫之, 무위이치無爲而治 불면이중不勉而中, 불행이지不行而至 등의 뜻을 함축하고 있으며 사단四端과 칠정七情이 본래 적연寂然함을 드러내고 있다. 정이程頤와 같이 미혹迷惑하면서 자대자고自大自高한 자는 약간의 견해見解가 생기면 그 견해를 크게 여겨 가벼이 무어라 단언斷言하는 병이 있는 것이다. 지금 세상에 논어와 맹자를 제 깜냥대로 해석하여 가르치고 책으로 펴는 이가 허다하여 그 수를 세기 어렵다. 이는 난세의 화禍라 어찌할 수 없다. 한 때에 대현大賢 십여인이 한꺼번에 나타나 밝음을 나투는 때가 있으리라.

四端測解章
사단측해장

孟子曰 惻隱之心은 仁之端也요
맹 자 왈 측 은 지 심 인 지 단 야

羞惡之心은 義之端也요 辭讓之心은 禮之端也요
수 오 지 심 의 지 단 야 사 양 지 심 예 지 단 야

是非之心은 知之端也니라. －公孫丑章
시 비 지 심 지 지 단 야

맹자가 말씀하였다.

"측은지심惻隱之心은 인仁의 실마리요, 수오지심羞惡之心은 의義의 실마리요, 사양지심辭讓之心은 예禮의 실마리요, 시비지심是非之心은 지智의 실마리이다."

某解

■ 사단四端은 칠정七情의 선善한 모양이다. 인의예지신仁義禮智信은 송宋의 선비가 오행五行에 배대配對하여 사람의 행行을 오상五常으로 나눈 것이요, 사단四端은 사람의 칠정七情의 용用 가운데 선善한 작용作用 넷을 든 것이다. 그러므로 사단四端과 인의예지仁義禮智를 배대配對한 때의 맹자는, 개오開悟 이전으로써 덕혜술지德惠術知로 사유思惟하던 시절이다.

■ 사단四端과 인의예지仁義禮智를 배대配對한 것은 억지로 맞춰본 것이다. 사단설四端說은 인심人心을 쥐어 도심道心을 밝히는 명성공부明性工夫에는 전혀 도움이 되지 않는다. 맹자가 유가학儒家學에 오류誤謬를 낳은 것이다.

■ 공자孔子의 도道는 성일이관지性一以貫之이다. 적연부동寂然不動으로 사무사思無邪하는 것이다. 성일이관지性一以貫之의 가르침은 소위 사단칠정四端七情을 사邪라고 말씀하신 것이다. 역易계사繫辭의 무사無思 무위無爲를 통해通解하면 사무사思無邪, 적연부동寂然不動에 합하게 될 것이다.

■ 주희가 말한다. "이 장에서 논한 바, 사람의 성정性情과 마음의 체용體用은 본연本然이 완전히 갖추어져 있고 각기 조리條理가 있음이 이와 같으니, 배우는 자가 이에 대하여 돌이켜 찾고 묵묵히 알아서 이것을 확충擴充한다면 하늘이 나에게 주신 것本性을 다하지 않음이 없을 것이다."(朱熹云, 此章所論人之性情과 心之體用이 本然全具而各有條理如此하니 學者於此에 反求默識而擴充之면 則天地所以與我者를 可以無不盡矣리라)

■ 주희朱熹의 말에, 사람에게 성정性情과 체용體用이 본연적本然的으로 갖추어 있다고 하였다. 이 말은 정情이 거짓僞임을 알지 못한다. 또한 체용體用이 하나의 두 이름인 줄도 알지 못한다. 그리고 다른 글에, 사람의 성性이 본연지성本然之性과 기질지성氣質之性의 이성二性으로 이루어져 있다고 주장한다. 만약 성性이 둘이라면 공자의 말씀이 틀린 것이다. 주희는 성性을 이理라 하고, 정情을 기氣라 하고는 이기결시이물理氣決是二物 즉 이理와 기氣는 결정코 두 물건이라 우긴다.

■ 공자께서 밝히지 못한 경지를 주희가 체득體得했다는 말인가? 안

타까운 주장이 아닐 수 없다. 어떤 사물이 작용할 때 체體없이 용用하는 경우가 있는가? 용用할 때에도 체體는 변함이 없다. 체體없는 용用없고, 용用없는 체體가 없는 것이다. 체용體用은 불이不異라, 다만 하나일 뿐이다. 사물이 정靜할 때나 동動할 때나 사물자체는 변하지 않는다. 동정動靜의 이름이 생겼을 뿐이다. 어떤 사람이 앉았다가 일어서고 걷다가 뛸 때에 사람의 성性이 달라지겠는가? 또한 아침의 나와 저녁의 내가 다른 사람이겠는가? 만약 이 말을 분변分辨하지 못하면 공문도학孔門道學의 문을 열기 어렵다.

■ 주희에 영향 받은 이황李滉도 체용體用이 하나일 때와 둘일 때가 있다고 설명한다. 체體와 용用은 공문심학孔門心學에서 성性을 설명하기 위한 논리적 도구일 뿐이다. 공자께서 역계사易繫辭에 일음일양론一陰一陽論을 편 내용은 성性은 체용體用에 불이不異하다는 설명이다. 체體와 용用으로 나누어지는 사물事物은 없다. 사람의 성性은 사생死生에 즉卽해서도 적연부동寂然不動하여 언제나 하나이다. 이 도리道理는 성인聖人이 다시 오신다 해도 고칠 수 없다.

■ 정이程頤가 말하였다. "사람들이 모두 이 마음仁心을 가지고 있으되, 오직 군자君子만이 넓혀서 채울 수 있으니, 그렇지 못한 자는 모두 자기自棄하는 것이다. 그러나 채우고 채우지 못함은 또한 자신에게 달려있을 뿐이다." 또 말하였다. "사단四端에 신信을 말하지 않은 것은 이미 성심誠心으로 사단四端을 하면 신信이 그 가운데에 있기 때문이다."(程頤云 人皆有是心이로되 惟君子爲能擴而充之하나니 不能然者는 皆自棄也라 然이나 其充與不充은 亦在我而已矣니라 又曰 四端에 不言信者는 旣有誠心爲四端이면 則信在其中矣니라)

■ 정이程頤의 말에 의하면, 맹자가 인의예지仁義禮智에 사단四端을 배

대配對한 것이 탁견卓見이며, 신信은 성심誠心하면 인의예지仁義禮智 가운데 있다고 한다. 인仁이 현전現前하면 의예지신義禮智信이 따라서 모습 없이 서는 줄 알지 못한 것이다. 또한 정이는 심心을 넓혀서 채울 수 있는 곳으로 이해하고 있다. 무사無思의 이理에 계합하지 못한 소견所見이다. 무사無思로 일이관지一以貫之한 공자의 경지를 정이程頤는 짐작하지 못하는 것이다.

四端病說章
사단병설장

孟子曰 惻隱之心은 仁也요 羞惡之心은 義也요
맹자왈 측은지심 인야 수오지심 의야

恭敬之心은 禮也요 是非之心은 智也니
공경지심 예야 시비지심 지야

仁義禮智者 我固有之也언마는 弗思耳矣니라 —告子章
인의예지자 아고유지야 부사이의

맹자가 말하였다.

"측은지심惻隱之心은 인仁이요, 수오지심羞惡之心은 의義요, 공경지심恭敬之心은 예禮요, 시비지심是非之心은 지智이니, 인의예지仁義禮智가 나에게 고유固有한 것이지만 사람들이 생각하지 못할 뿐이다."

某解

■ 이 장은 맹자 중년에 혈기血氣로 한 말이다. 13장사단병설장四端病說章은 12장사단측해장四端測解章과 비교하면 맹자의 사단四端에 대한 분석分析이 같지 아니하다. 12장과 13장을 비교한다.

12章(公孫丑章)	13章(告子章)
惻隱之心은 仁之端也요.	惻隱之心은 仁也요.

羞惡之心은 義之端也요. 　　羞惡之心은 義也요.
辭讓之心은 禮之端也요. 　　恭敬之心은 禮也요.
是非之心은 智之端也니라. 　是非之心은 智也니라.

■ 맹자가 13장에서 단정적으로 측은지심惻隱之心은 인仁이라 하였던 것을 12장에서는 측은지심惻隱之心은 인의 실마리仁之端라 하여 견해를 바꾼다. 측은지심惻隱之心은 인仁이라 한 것은 어두운 말이다. 측은지심은 인의 실마리라 한 견해도 밝지 못하다. 인仁이란 무사無思에 계합契合한 연후에 무위대용無爲大用하는 현성賢聖의 경지境地이다.

■ 인仁이란 지천명知天命 이후에 알 수 있고, 이순耳順에 인仁에 나아가며, 종심從心에 이르러야 온전히 인仁에 거처하는 현성賢聖의 경지이다. 덕혜술지德惠術知시절의 맹자는 인仁을 말할 때가 아닌 것이다.

■ 맹자가 칠정七情이 위僞요, 환幻인 줄 알지 못했던 시절에 사단四端이 곧 인의예지仁義禮智라고 맹언盲言한 것이다. 그러나 공부가 한걸음 나아가서는 측은·수오·사양·시비는 인의예지仁義禮智의 실마리端라고 고친다. 그 중에 공경恭敬은 사양辭讓으로 바뀌게 된다. 이 또한 밝은 말이 아니다. 사단四端은 다만 정情이다.

■ 맹자가 개오開悟한 이후에는 진심지성盡心知性이라 하여 사단칠정四端七情의 마음人心을 없애야(쉬어야) 한다고 하였다. 진심盡心은 칠정七情을 쉬어 없앤다는 뜻이다. 맹자가 개오開悟하여 사단칠정四端七情이 인심人心이며 환幻인 줄 알았던 것이다. 뒷사람은 사단병설장四端病說章을 거울로 삼아, 스스로를 돌아보아 병설病說에 속지 않은 힘을 얻어야 할 것이다.

■ 시경詩經에 이른다.

"천도天道가 뭇 사람을 내어, 인간사人間事가 있으니 삶의 도道가 있도다. 사람들이 본래로 떳떳한 성性을 지니고 있는지라 이 아름다운 덕德을 좋아한다."

공자께서 시를 보고 말씀하였다.

"이 시詩를 지은 자는 그 도道를 알 것이다. 그러므로 인간사人間事가 있으면 반드시 삶의 도리道理가 있으니, 사람들이 본래로 떳떳한 성性을 지니고 있는지라, 그러므로 이 아름다운 덕德을 좋아하나니라." (詩曰 天生蒸民하시니 有物有則이로다 民之秉夷(彝)라 好是懿德이라 하여늘 孔子曰 爲此詩者其知道乎인저 故로 有物이면 必有則이니 民之秉夷也라 故로 好是懿德이라 하시니라)

■ 대저 도심공부道心工夫는 늙어서야 조금 밝아질 수 있는 것이다. 젊었을 때, 재능과 혈기로 많은 저술을 남기면, 필시 크게 후회하게 되고, 세상을 어지럽히는 우愚를 범하게 된다. 그것은 대체로 명예욕名譽慾인 것이다. 주희朱熹가 세상 떠나기 약 이레 전에, 그의 평생저술의 뿌리가 미혹迷惑하였음을 수문인首門人 채침蔡沈에게 토로하고, 서경書經의 해설을 채침蔡沈에게 맡긴다. 채침의 서경서書經序는 주희를 능가한 견처見處라 하여 널리 읽힌다.

■ 이황李滉도 주희와 비슷한 노정路程을 걷는다. 이황도 하세下世 약 이레 전에 그의 이기설理氣說과 수심설修心說에 병처病處가 있음을 말하고 후회後悔하였다고 한다. 가벼운 저술은 스스로를 망치고, 세상을 오래토록 어지럽히는 것이다.

박세당朴世堂과 정약용丁若鏞의 저술도 뒷사람이 참고 할 만하지 아니하다.

■ 대저 공문진유孔門眞儒라면 성性은 오직 성性이라 불러야 한다. 성性을 이理라 부른다고 해서 도道가 밝아지는 것도, 밝혀지는 것도 아

니다. 공자孔子께서는 성性이라 하였고, 성性을 설명하는 때와 방도方道에 따라 이름을 더한 것이다. 성性은 실심實心이요, 사람의 본원本源이다. 사람의 본원本源을 이理라 불러서 아니 되는 것이다.

道一而已章
도일이이장

滕文公이 爲世子에 見孟子하야 成覵이 謂齊景公曰
등문공 위세자 견맹자 성간 위제경공왈

彼丈夫也며 我丈夫也니 吾何畏彼哉리오 하며
피장부야 아장부야 오하외피재

顔淵曰 舜何人也며 予何人也오 有爲者亦若是라 하며
안연왈 순하인야 여하인야 유위자역약시

公明儀曰 文王은 我師也라 하시니
공명의왈 문왕 아사야

周公이 豈斯我哉시리오하니이다
주공 기사아재

孟子曰 世子는 疑吾言乎잇가 夫道는 一而已矣니이다
맹자왈 세자 의오언호 부도 일이이의

-滕文公章

등문공滕文公이 세자世子로 있을 때에 맹자를 뵙고 말하였다. "성간成覵이 제경공齊景公에게 이르기를 '저聖賢들도 장부丈夫이며 나도 장부丈夫이니, 내 어찌 저 성현聖賢들을 두려워하겠는가?' 하였으며, 안연顔淵이 말씀하기를 '순舜임금은 어떠한 분이며 나는 어떠한 사람인가? 성性, 明悳을 밝히는 자는 또한 순舜임금과 같다.' 하였으며, 공명의公明儀가 말하기를 '문왕文王은 내 스승이다' 하였으니, 주공周公이 어찌 나를 속였겠는가?' 하였습니다."

맹자가 말씀하였다.

"세자世子는 내 말을 의심하십니까? 도道는 하나일 뿐입니다."

某解

■ 도道 : 말하다. 어조사語助辭.

■ 성性은 인인人人의 본디 마음道心이다. 성性은 불선不善과 선善에 속屬하지 않는다. 성性은 무선무불선無善無不善인 것이다. 성性에는 칠정七情이 없다. 희喜 노怒 애哀 구懼 애愛 오惡 욕欲은 범부의 환심幻心이다.

■ 대저 묵좌공부默坐工夫하는 이는 고요함을 관觀한다. 이는 그릇된 공부방법이라 이러히 노력하면 공부가 더디다. 다만 세욕世欲을 쉬어 성性을 반조返照하는 사이에 칠정七情이 자연히 고요해져야 바른 공부방법이다. 고요함을 애써 관觀하면 그 애씀의 칠정七情이 한 가닥의 병病이 되는 것이다.

■ 맹자가 도道는 하나일 뿐 道一而已라는 것은 성性의 본연本然을 말하는 것이다. 공자孔子께서 일이관지一以貫之라 하신 것은 성性 하나를 가리켜 말씀한 것이다. 맹자가 일이관지一以貫之에 도일이이道一而已라고 주注한 것이다. 공자孔子를 만나려 하는가? 자기自己의 성性을 밝히면, 곧 공자孔子를 만나는 것이다.

■ '저들도 장부丈夫이며 나도 장부丈夫'란 말은 '나도 공부工夫하면 저 성현聖賢과 같아질 터이니, 어찌 노력하지 않으랴!'는 뜻이다.

안회顔回도 순舜임금과 나의 다른 곳이 어디인가? 다만 미혹迷惑과 불혹不惑 사이인 것이다라고 말한다. 상사上士는 인생人生에 명성공부明性工夫보다 앞서는 다른 일은 없는 것이다.

■ 범부는 희노애락喜怒哀樂의 관념觀念 즉 정습情習을 자신의 참마음으로 안다. 범부의 오래된 정식情識이 부지불식不知不識 간에 희노애락喜怒哀樂을 쓰는 것이다. 정식情識이 환식幻識인 줄 알지 못해 환식幻識으로 인생을 지어가는 것이다.

그런 까닭에 선악善惡, 길흉吉凶, 시비是非가 정습情習에서 나와서 정습情習을 굴려 다시 망환妄幻을 짓는 것이다. 선악시비善惡是非는 칠정七情의 망환妄幻으로 판단判斷한 망념妄念의 허수아비일 따름이다.

■ 범부가 칠정七情에 미혹迷惑한 까닭에, 칠정七情으로 지은 관념觀念의 노예奴隸로 사는 것이다. 범부가 칠정七情의 노예奴隸로 사는 것을, 성인聖人이 안타깝게 여기어 칠정七情에서 벗어나는 공부방법工夫方法인 명성明性을 권하는 것이다.

칠정七情으로 지은 관념觀念의 노예奴隸로 사는 것이 범부라는 가르침을 듣고 이해하면서도, 칠정七情을 쉬는 공부工夫에 힘쓰지 않는 자를 무어라 할 것인가? 무어라 할 것인가?

맹자촬요 제15장

不怨不尤章
불원불우장

孟子曰 君子는 不怨天하며 不尤人이니라 -公孫丑章
맹자왈 군자 불원천 불우인

맹자가 말씀하였다.
"군자君子는 허공虛空을 원망怨望하지 않으며, 사람을 허물하지 않느니라."

某解

■ 군자가 즐거이 머물어야 할 바는 칠정七情 없는 마음이다. 그러므로 군자君子는 불우불구不憂不懼하는 것이다. 불우불구不憂不懼하므로 불원불우不怨不尤하는 것이다.

■ 군자는 본래의 성性을 회복回復했을 뿐, 다른 공부가 있는 것이 아니다. 군자가 낮은데 거처하며 이름 없고 모습 없이 세상을 섬기는 것은, 세상과 더불어 하나이기 때문이다. 군자의 섬김은 다만 사람의 있는 그대로를 섬기는 것이다. 그러므로 군자의 있는 그대로는 오미五美로써 혜이불비惠而不費, 노이불원勞而不怨, 욕이불탐欲而不貪, 태이불교泰而不驕, 위이불맹威而不猛으로 나타나는 것이다.

誠與思誠章
성여사성장

孟子曰 誠者는 天之道也요 思誠者는 人之道也니라
맹 자 왈 성 자 천 지 도 야 사 성 자 인 지 도 야

-離婁章

맹자가 말씀하였다.

"성誠, 無思은 성性의 도道요, 사성思誠은 경공부敬工夫에 힘쓰는 지志이다."

某解

■ 성誠이란 성惺이요, 성惺은 명明이니 성誠은 곧 명성明性이다. 성誠의 내용은 천연무사天然無思이다. 중용中庸에 '自誠明 自明誠' 즉 성誠하면 밝아지고, 밝으면 성誠하다고 하였다. 이 구절은 정각일로正覺一路의 가르침이다. 성性을 밝히는 요체要諦이니 배우는 자는 깊이 새겨서 개오開悟의 문門으로 삼아야할 것이다.

■ 사성思誠이란 성性을 밝힘에 나아가는 경공부敬工夫의 지志이다. 사성思誠은 경공부敬工夫에 힘쓰는 길이다.

■ 성誠은 성性의 순일무잡純一無雜한 경지이다. 무잡無雜이란 칠정七情의 잡념雜念이 끊어진 경지境地를 이른다. 성誠은 천연무사문天然無思門

이며, 이순耳順의 거처이다. 성誠은 칠정七情이 끊어져 성性에 계합契合한 경지라, 이에 나아간 이를 인자仁者라 한다.

■ 성誠은 무사無思를 자득自得한 경지境地이며, 자득自得이란 성性에 계합契合하여 칠정七情이 환식幻識임을 확인確認한 경지이다. 참 공부를 지어감은 성誠에 든 이후以後이다.

■ 사성思誠은 선비가 입경立敬하는 도道이다. 사성思誠은 모든 선비가 걸어야하는 길이다.

■ 사람마다 학습지學習智와 식識의 청탁淸濁이 다른 까닭에 경敬을 통하여 성誠에 이르는 득력得力의 결과가 다르다. 그러므로 공자께서 이른다. '함께 공부하더라도 그 얻는 바가 다르며, 얻었더라도 그 앎이 같지 않다.' 공부인工夫人의 자품資品에 따라 사성思誠과 성誠의 공부내용이 같지 아니한 것이다.

맹자촬요 제17장

道在自心章
도재자심장

孟子曰 道在爾(邇)而求諸遠하며
맹 자 왈 도 재 이 이 이 구 제 원

事在易而求諸難하나니라
사 재 이 이 구 제 난

—離婁章

맹자가 말씀하였다.

"도道가 가까운 곳에 있는데도 먼 곳에서 구하며, 일이 쉬운 데 있는데도 어려운 데에서 찾는다."

某解

■ 도道란 성性의 본래本來를 의미한다. 선비의 최상공부最上工夫는 성性을 밝히는 것이다. 어리석은 이는 명성공부明性工夫를 알지 못하고, 의義와 예禮 등을 학습學習하는 것으로 공부를 삼는다.

■ 성性에 밝지 못하면 외의外義로써 공경恭敬과 범절凡節을 중시한다. 외의外義를 어찌 진심眞心으로 일이관지一以貫之 함에 비교하겠는가? 필경畢竟에는 명성공부明性工夫 밖에 다른 길이 없음을 알게 될 것이다. 누가 도道가 안에 있는 줄 알면서 밖을 향向하겠는가? 누가 칠정七情이 환幻인 줄 알고서도 따라 가겠는가?

맹자촬요 제18장

存性居仁章
존성거인장

孟子曰 人之所以異於禽獸者幾希하니
맹 자 왈 인 지 소 이 이 어 금 수 자 기 희

庶民은 去之하고 君子는 存之니라
서 민 거 지 군 자 존 지

舜은 明於於庶物(心)하시며 察於人倫하시니
순 명 어 어 서 물 심 찰 어 인 륜

由仁義行이라 非行仁義也시니라 -離婁章
유 인 의 행 비 행 인 의 야

맹자가 말씀하였다.

"사람이 금수와 다른 것이 얼마 안 되나니, 범부는 성性을 잊고, 군자는 성性을 오롯하게 보존한다. 순舜임금은 사람의 마음에 밝으시며 인륜人倫의 고하高下를 살피셨으니, 절로 인의仁義를 따라 행하신 것이요, 인의仁義를 행하려고 하신 것은 아니니라."

某解

- 성性을 밝힌 연후에, 그 밝고 깨끗함을 보존保存할 수 있는 것이다.
- 서민거지庶民去之란 범부凡夫가 성性을 잊은 것이다. 범부가 성性을

잊은 것은 칠정七情에 가려졌기 때문이다. 성性을 잃는다고 읽는 것은 이치에 덜 맞다. 범부는 다만 성性이 칠정七情의 연무煙霧가려졌기에 미혹迷惑할 뿐, 성性을 잃는 것이 아니기 때문이다. 범부凡夫와 군자君子의 사이는 미迷와 오悟에 있는 것이다.

■ 군자존지君子存之는 군자는 성性을 밝혀서 보존保存한다는 뜻이다. 성性을 보존되면 사이불망死而不亡인 것이다.

■ 명어서물明於庶物은 깨쳐서 범부의 마음에 밝은 것이다. 물物은 진심眞心이다. 순舜임금은 진심眞心을 잘 보존保存하는 무위대용無爲大用의 경지境地라, 범부가 진심眞心을 온전히 지녔으나 칠정七情에 가려 있음을 밝게 비추어 보는 것이다.

■ 찰어인륜察於人倫은 범부의 병病과 그 행行을 살피어 헤아리는 것이다. 범부의 병病은 칠정七情이요, 행行은 하는 바의 탐욕貪慾이다. 성인聖人이 범부의 병病과 그 행行을 보아 방문方文을 베푸시니, 그 약藥이 명성공부明星工夫이다.

■ 유인由仁이란 인仁에 거처하는 이는, 하고자 함이 없어도 인仁이 절로 드러나는 것이다. 불행이지不行而至인 것이다. 순舜임금의 경지境地를 말한 것이다.

說詩契本章
설시계본장

孟子曰 說詩者不以文害辭하며 不以辭害志요
맹자왈 설시자불이문해사 불이사해지

以意逆志라야 是爲得之니라 -萬章章
이의역지 시위득지

맹자가 말씀하였다.
"시詩를 설명하는 자는 문자文字로써 말을 해치지 말며, 말로써 뜻을 해치지 말고, 뜻으로써 뜻에 합合해야만 시詩를 알 수 있는 것이다."

某解

■ 지금 세상의 문학文學은 좋아하고 미워하며, 만나고 헤어지는 사이의 애틋함·원망·갈등·기다림·기쁨 등에 기대어 시비是非를 세우고 세사世事에 조리條理를 두어 역사歷史를 짓는 사이를 기웃거린다. 또한 사시四時를 찬탄讚嘆하고, 그 변화와 생명生命의 거룩함에 기뻐하며, 삶의 희고喜苦에 대한 관념觀念을 깜냥대로 해석하는 것이다. 이는 모두 칠정七情 속의 삶인지라, 삶의 체성體性을 어찌 알며, 공자孔子의 사무사思無邪에 어찌 합合할 수 있겠는가?

■ 누가 시경詩經을 읽으면 곧바로 이해할 수 있다고 하는가? 시경詩

經의 본의本意는 칠정七情에 때 묻지 않음을 노래한 것이다. 칠정七情이 환幻임을 통해하고, 측지測知가 열려야 시경詩經의 대략을 어스레 짐작할 수 있는 것이다.

논어論語에 욕기영귀浴沂詠歸를 듣고 공자께서 증석曾晳을 허여許與한 것이니 욕기영귀浴沂詠歸의 진체眞體를 알지 못한다면 시경詩經을 이해할 수 없는 것이다. 대저 문인文人은 칠정七情으로써 마음을 삼지 않는가? 칠정七情으로써 성性을 이해하려 한다는 것이 어리석지 아니한가?

■ 천견淺見이 빚은 문文은 성내고, 음념淫念내며, 탐貪하며, 부끄러움을 감추거나, 명예를 취하고자 스스로를 가려 비루鄙陋한 것이다. 이러한 행태와 사유思惟로써 시경詩經을 판단하려는 것은 문자文字로써 말을 해치고, 말로써 그 뜻을 해치는 것이다.

■ 지금 세상의 문학文學의 범주는 모두 칠정七情의 유희遊戲일 뿐이다.

■ 고덕古德의 문론文論은 도道를 말한다. 한유韓愈(768~824)는 도道에 뜻을 두어 문文으로 삼는다(文以志道)고 하였고, 유종원柳宗元(773~819)은 도道를 밝힘으로써 문文을 삼는다(文以明道)고 하였으며, 구양수歐陽脩(1007~1072)는 도道에 합하면 문文이 절로 따른다.(道勝而文自至)고 하였다.

소식蘇軾(1036~1101)은 문文은 반드시 도道와 더불어야 하고, 진眞에 즉卽해야 그 바름을 나타낼 수 있다.(文必與道俱 卽眞現正)고 말한다. 한유보다 유종원이 밝으며, 유종원 보다 구양수가 앞서며, 구양수보다 소식이 밝다. 이는 문文이 기예技藝와 세정世情에 물들어 칠정七情으로 읊조리면 천박淺薄하고, 문文이 도道와 더불어야 품격品格이 바로 서고, 도道를 밝힌 이후의 문文이라야 막힘없이 자유로우며,

죽은 뒤의 비평批評을 근심하지 않을 수 있는 것을 말하는 것이다.

■ 시경詩經의 삼백수三百首에 칠정七情이 없다는 평評은 공자의 말씀이다. 칠정七情이 없는 시詩 삼백三百을 볼 줄 알아야 도문道文 즉 방외方外의 문文을 지을 수 있는 것이다. 범부가 이해하여 나아가기 어려운 바이다.

■ 공자께서는 문인門人에게 칠정七情으로 가려진 범부의 마음 즉 환심幻心을 가리켜 보이고 진심眞心을 드러내었다. 범부가 진심眞心을 온전히 갖추었으나 진심眞心을 알지 못하고 칠정에 부림을 당하는 인생을 어여삐 여긴 것이다. 성인聖人은 범부가 미혹을 깨우쳐 온곤은 인생을 누리도록 이끄는 일에 온 힘을 다하는 것이다. 그러하기에 장자莊子는 "지인至人은 칠정七情의 내我가 없나니, 이러한 인물을 만세萬歲 뒤에 만난다 하더라도 오히려 빠르다"고 하였다. 공자는 범부가 환幻에서 벗어나게 하고자 함이 평생사업平生事業이었던 것이다.

맹자촬요 제20장

天不言也章
천불언야장

孟子曰 天不言이라 以行與事로 示之而已矣시니라
맹 자 왈 천 불 언 이 행 여 사 시 지 이 이 의

又曰 莫之爲而爲者는 天也요
우 왈 막 지 위 이 위 자 천 야

莫之致而至者는 命也니라
막 지 치 이 지 자 명 야

-萬章章

맹자가 말씀하였다.

“천도天道는 말하지 않는다. 행行과 사事로써 보여줄 뿐이다.”

또 말씀하였다.

“그렇게 함이 없는데도 그렇게 되는 것은 천天, 性이요, 이르게 함이 없는데도 이르는 것은 명命, 無爲이다.”

某解

■ 천天은 비유로써 허공虛空의 뜻이다. 그러므로 천불언天不言은 성불언性不言의 의미이다. 성性을 허공虛空에 비유한 것은 허공虛空의 상象이 성性과 가장 비슷하기 때문이다.

■ 허공虛空은 모습 없고(無形), 소리 없으며(無聲), 냄새 없고(無臭), 자취 없으며(無跡), 모든 시간과 공간을 거두었으나 시간과 공간에

속하지 않으며(含時空而不屬時空), 언제나 고요하며(常寂然), 언제나 불변(常不變)하는 까닭에 성性과 비슷하다고 하는 것이다. 그러나 허공은 양지良知가 없는 허물이 있다. 양지良知란 성성惺惺하여 공공空空한 진지眞知이며 중묘衆妙의 문門인 것이다. 진지眞知에 칠정七情의 가리는 바가 없는 이가 곧 성인聖人이다. 그러므로 공자께서 '천하언재! 천하언재!天何言哉! 天何言哉!(허공이 무어라 하던가! 허공이 무어라 하던가!)'하신 것이다.

■ 불언不言은 성性을 곧바로 가리킨 것이다. 성性은 언어言語가 끊어졌으나 세상에 즉하여 함이 없이 언어言語를 나투므로 현묘지도玄妙之道라 하는 것이다.

■ 행行이란 성性의 작용이요, 사事란 작용하는 내용이다. 천행天行은 무위無爲요, 천사天事는 적연寂然하다.

■ 천天과 명命은 둘이 아니다. 천天은 성性, 명命은 성性의 작용을 가리킨다. 성性에 체용體用을 두어 설명한 것일 뿐, 체와 용이 다른 것이란 뜻이 아니다. 이 설명은 계사繫辭에서 양의론兩儀論이라 한다. 천명天命은 본래本來로 불변不變의 적연무위대용寂然無爲大用이다.

無爲時中章
무위시중장

孟子曰 伯夷는 聖之清者也요 伊尹은 聖之任者也요
맹자왈 백이 성지청자야 이윤 성지임자야

柳下惠는 聖之和者也요 孔子는 聖之時者也시니라
유하혜 성지화자야 공자 성지시자야

-萬章章

맹자가 말씀하였다.

"백이伯夷는 성로聖路의 청清한 자요, 이윤伊尹은 성로聖路에 순일純一한 자요, 유하혜柳下惠는 성로聖路에 화和한 자요, 공자孔子는 무위시중無爲時中이시다."

某解

■ 성로聖路는 성인공부聖人工夫의 노정路程이다.

■ 성인공부聖人工夫 즉 명성공부明星工夫의 노정路程은 입문入門과 지문止門을 지나야 성로聖路가 열린다. 입문入門은 경敬으로 들고, 지문止門은 성誠으로 연다. 지문止門을 여는 법은 오직 칠정七情을 그치는 것이다.

■ 경敬으로 직내直內하여야 성誠이 열리는 것이다. 성誠하면 성惺한

다. 진심眞心이 성성惺惺하면 칠정七情의 몽환夢幻이 없다.

■ 백이伯夷는 세욕世欲을 잊고 청한淸閑에 거처한 자요, 이윤伊尹은 경敬에 순일純一한 자요, 유하혜柳下惠는 성誠하여 성惺에 나아간 자이다.

■ 공자는 성성惺惺하여 적연무위寂然無爲로써 종심從心하였다. 종심從心은 진심眞心으로 만사萬事에 응應하는 것이다. 공자는 진심眞心이 때時에 맞지 아니함이 없으므로 무위시중無爲時中이라 한다.

■ 적연무위寂然無爲의 종심從心이 곧 무심無心이다. 무심無心이란 적연무위寂然無爲의 마음從心이 없다는 뜻이 아니다. 칠정의 미혹된 마음이 없다는 뜻이다.

■ 성인聖人의 가르침은 오직 하나, 범부의 참마음眞心 즉 도심道心을 가리켜 드러내고자 하는 것이다. 그러나 범부가 칠정에 젖은 지 오래라, 칠정을 떠나 사유하고 하고 행동하기 쉽지 않은 까닭에 여러 가지 방법과 과정을 두어 따르게 하고 익히게 이끌며 드디어는 깨우치게 하려는 것이 성인의 목표인 것이다.

求心學問章
구심학문장

孟子曰 學問之道는 無他라 求其放心而已矣니라
맹 자 왈 학 문 지 도 무 타 구 기 방 심 이 이 의

-告子章

맹자가 말씀하였다.
"학문學問하는 목표는 다른 것이 없다. 그 방심放心, 眞心을 찾는 것일 뿐이다."

某解

■ 방심放心의 심心은 진심眞心이다.

■ 학문學問이란 사람의 근원根源을 밝히는 것이다. 사람의 근원根源을 밝히는 길은 명성明性 밖에 다른 길은 없다. 명성明性에 뜻을 두지 않는 자는 아무리 글을 잘해도 기억력이 좋은 재사才士일 따름이다.

■ 구방심求放心은 칠정의 세욕世欲을 탐하여 과거세過去世에 잊어 놓아버린 진심眞心을 회복하는 것이다. 공자孔子는 과거세過去世에 이미 진심眞心을 회복回復하시고 성성무위惺惺無爲에 거니셨나니, 칠정七情에 미혹迷惑한 선비를 깨우기 위해 자현慈現한 것이다. 그런 까닭에 공자를 생이지生而知라 한다.

■ 구방심求放心이란 명성明性해야 하는 까닭을 설명한 것이다. 다가오는 한 때에, 큰 무리의 뒷사람이 참공부를 높이며 세상의 마룻대가 될 것이다. 시절時節이 익으면 '그 사람'이 나타나는 것이다. 성性을 밝힌 이가 넓혀지면 다음 세상은 밝음이 끊어지지 아니할 것이다.

■ 지극히 밝은 세상이란 범부가 칠정을 여읜 세상이다.

正己物正章
정기물정장

孟子曰 大人者는 正己而物正者也니라 -盡心章
맹 자 왈 대 인 자 정 기 이 물 정 자 야

맹자가 말씀하였다.
"대인大人이란 성性을 밝혀 자신自身을 바르게 하여, 마음에 칠정七情이 없는 자者이다."

某解

■ 정기正己란 성性 밝혀 진심眞心을 회복回復한 것이다.

■ 물정物正의 물物은 사事이다. 그러므로 물정物正이란 사정事正이다. 진심眞心으로 만사萬事에 응應하므로 바르게 되는 것이다.

■ 진심眞心을 밝히면 바르게 되고, 진심眞心으로 행行하면 일마다 바르지 않을 수 없는 것이다.

■ 정기물정正己物正이란 논어論語의 기정남면己正南面에 대한 맹자의 해설이다.

君子三樂章
군자삼락장

孟子曰 君子有三樂而王天下不與存焉이니라
맹 자 왈 군 자 유 삼 락 이 왕 천 하 불 여 존 언

父母俱存하며 兄弟無故가 一樂也요
부 모 구 존 형 제 무 고 일 락 야

仰不愧於天하며 俯不怍於人이 二樂也요
앙 불 괴 어 천 부 불 작 어 인 이 락 야

得天下英才而教育之가 三樂也니라. —盡心章
득 천 하 영 재 이 교 육 지 삼 락 야

맹자가 말씀하였다.

"군자君子는 세 가지 즐거움이 있는데, 천하天下에 왕王노릇 함은 여기에 들어있지 아니하다. 부모父母가 모두 생존해 계시며, 형제兄弟가 무고無故한 것이 첫 번째 즐거움이요, 위로는 천도天道에 부끄럽지 않으며, 아래로는 사람에게 부끄럽지 않음이 두 번째 즐거움이요. 천하天下의 영재英材를 얻어 도道를 가르치는 것이 세 번째 즐거움이다."

某解

■ 군자君子는 안으로 칠정七情이 일어나지 아니하고, 밖으로는 진심眞心이 만사萬事에 평등平等하므로 즐거움이 그 가운데 있는 것이다.

■ 군자君子는 무사無思하여 무위無爲에 거닐며 피세소박避世素樸에 거처하는 것이다.

■ 부모구존 형제무고父母俱存兄弟無故는 맹자 당시의 시세범교時勢凡教이다. 군자君子의 세연世緣이 반드시 그러하지 않은 것이다.

■ 앙불괴어천 부불작어인仰不愧於天俯不怍於人은 군자의 정리正理이다. 군자가 칠정七情에 머문다면 부끄러운 것이다.

■ 득천하영재이교육지得天下英才而教育之는 군자가 반드시 해야 할 책무이다. 세상의 밤은 늘 달이 필요하고, 세상의 낮은 늘 해가 필요하다. 달과 해가 없는 세상은 깜깜한 것이다.

■ 영재英材는 달과 같다. 달은 밤을 밝힌다. 하나의 달이 온 세상의 밤을 비추는 것이다.

■ 그 달에 당唐의 이습지李習之, 송宋의 소동파蘇東坡와 장방평張邦平, 조선朝鮮의 이율곡李栗谷, 박태평朴太平과 김월창金月窓으로 면면히 이어지더니 근래에는 걸출한 인물이 보이지 아니하고, 덕혜술지德慧術智가 열린 이가 더러 보인다. 이무위당李無爲堂, 황야청黃也靑, 김소재金素齋 등이다. 그 밖의 학자들은 밤중에 맹성盲聲을 그리는 자들이라 하겠다.

맹자촬요 제25장

聖人之門章
성인지문장

孟子曰 遊於 聖人之門者엔 難爲言이니라 -盡心章
맹 자 왈 유 어 성 인 지 문 자 난 위 언

맹자가 말씀하였다.
"성인聖人의 문하門下에 유학遊學한 자에게는, 훌륭한 말 되기가 어려운 것이다."

某解

■ 중사中士 하사下士라도 공문孔門의 상어上語를 배우면 절로 귀가 높아진다. 들은 바가 높아지면 물러서기 어려운 것이다. 상어上語란 성性과 천도天道이다.

■ 공자를 배우고서도 성性과 천도天道 밖의 도리道理에 머무는 자는 더 볼 것이 없다.

■ 밝은 스승에게서 배우면 귀見聞가 높아진다. 스승의 은혜恩惠이다. 지금 세상에도 공자를 읽으면 이미 공자의 사숙문인私淑門人이다. 스승의 은혜恩惠를 알지 못하는 자가 있는 것은 시절時節이 어지럽기 때문이다. 그 사람이 공자를 배우면 작은 공자가 출현한 것이라 하겠다.

凡夫安佚章
범부안일장

孟子曰 口之於未也와 目之於色也와 耳之於靖也와
맹 자 왈 구 지 어 미 야 목 지 어 색 야 이 지 어 정 야

鼻之於臭也와 四脂於安佚也에 性也나 有命焉이라
비 지 어 취 야 사 지 어 안 일 야 성 야 유 명 언

君子不謂性也니라 智之於賢者也와
군 자 불 위 성 야 지 지 어 현 자 야

聖人之於賢者也에 命也나 有性焉이라
성 인 지 어 현 자 야 명 야 유 성 언

君子不謂命也니라
군 자 불 위 명 야

-盡心章

맹자가 말씀하였다.

"(범부의) 입이 맛에 있어서와, 눈이 색깔에 있어서와, 귀가 음악에 있어서와, 코가 냄새에 있어서와 사지四肢가 방탕하게 노님安佚에 있어서는 성性이나 칠정七情, 命에 거처하므로 군자君子는 이를 성性이라 이르지 않는다. 지혜智慧가 현자賢者에 있어서와 성인聖人의 천도天道에 있어서는 칠정七情, 命이나 성性에 있다. 그러므로 군자君子는 칠정七情, 命이라 이르지 않는다."

■ 범부안일장凡夫安佚章을 의해義解한다.

"범부가 몽환夢幻의 칠정七情으로 세사世事에 참여하는 것은 비록 성性을 지녔으나 칠정七情에 떨어져 있으므로 성性이라 하지 않고, 현성賢聖이 세사世事에 참여하는 것을 범부안목凡夫眼目에는 칠정七情으로 보이나, 오로지 성性이므로 성性이라 하는 것이다."

■ 범부안일凡夫安佚이란 범부가 칠정七情 따라 구목이비口目耳鼻의 감정感情에 안주安住하여 방일放逸하는 것을 이르는 것이다.

■ 범부凡夫가 스스로 미혹迷惑하여 칠정七情으로 마음을 삼아 몽환夢幻 속에 있는 까닭에, 성性을 용用하나 성性이라 하지 않는 것이다. 그러나 범부凡夫의 성性도 성인聖人과 다르지 아니하다. 다만 범부가 칠정七情에 미혹迷惑할 따름이다.

■ 진심지성盡心知性 이전의 범부는, 칠정七情이 환幻임을 알지 못하고 믿지 못한다. 그런 까닭에 범부凡夫라 하는 것이다. 그러나 도道가 절대絶對의 사실事實이 아니면 현성賢聖이 힘 다해 가르칠 것이며, 지난날의 달사達士들이 존숭尊崇하며 따랐겠는가?

君子之守章
군자지수장

孟子曰 君子之守는 修其身而天下平이니라 -盡心章
맹자왈 군자지수 수기신이천하평

맹자가 말씀하였다.
"군자君子가 지키는 바는, 그 자신을 닦음에, 천하天下가 태평太平해지는 것이다."

某解

■ 오직 스스로의 성性을 밝히는 것이 태평천하太平天下을 만드는 것이다. 총명聰明한 자는 이 말에서 허공虛空을 삼킬 것이다. 소강절邵康節의 말게末偈 태평음太平吟을 본다.

生于太平世 태평太平한 세상世上에 태어나
長于太平世 태평太平한 세상世上에서 자라
老于太平世 태평太平한 세상世上에서 늙어
死于太平世 태평太平한 세상世上에서 죽는구나!
客問年幾何 객客이 묻기를 금년今年에 몇 세歲시오?
六十有七歲 육십六十하고도 칠년七年이라오.
仰俯天地間 하늘과 땅에 우러르고 굽어보아
浩然無所愧 참마음에 부끄럽지 않도다.

自以爲是章
자이위시장

孟子曰 自以爲是는 德之賊也니라 —盡心章
맹 자 왈 자 이 위 시 덕 지 적 야

맹자가 말씀하였다.
"스스로 높여 내가 옳다! 고 하는 것은 덕德의 적賊이니라."

某解

■ 자시自是는 스스로의 견해見解를 높여서 옳다고 여기며 잘난 체 하는 것이다. 자고自高, 자대自大와 비슷한 뜻이다.

■ 세상에는 자시自是로써 스승 노릇하는 이들이 적지 아니하다. 그 가운데 몇이나 참되게 성性을 밝힌 연후然後에 스승이 되었겠는가? 공자孔子는 오십에 지천명地天命하고 오십사세에 공부工夫할 만한 인물人物을 찾으러 주유천하周遊天下 하였다.

맹자촬요 제29장

賢後樂乎章

현후낙호장

孟子見梁惠王하신대 王立於沼上이러니 顧鴻鴈麋鹿曰
맹 자 견 양 혜 왕 　 왕 립 어 소 상 　 고 홍 안 미 록 왈

賢者亦樂此乎잇가 孟子對曰 賢者而後에 樂此니
현 자 역 락 차 호 　 맹 자 대 왈 현 자 이 후 락 차

不賢者는 雖有此나 不樂也니이다. -梁惠王章
불 현 자 　 수 유 차 　 불 락 야

맹자가 양혜왕을 만났는데, 왕이 못가에 있더니, 큰 기러기와 큰 사슴을 돌아보고 말씀하였다.

"현자賢者도 또한 이것을 즐거워하십니까?"

맹자가 대답하였다.

"현자賢者인 뒤에야 이것을 즐거워할 수 있으니, 어질지 못한 자는 비록 이것을 가지고 있더라도 즐거워하지 못합니다."

(麋:고라니 미. 顧:돌아볼 고)

某解

■ 칠정七情이 쉬면 진심眞心이 드러난다. 진심眞心이 드러난 이후에 무사無思를 증명證明하는 것이다. 무사無思를 확인하여 증명證明하면 뭇사람을 이끄는 스승이 될 수 있다. 뭇사람의 스승이 되고자 하면 진심眞心이 성성惺惺해야 한다. 더불어 전성前聖의 경經을 착실히 읽고 정관靜觀하여 막히는 곳이 없게 하여야 하는 것이다.

七情之善章
칠정지선장

公都子曰 告子曰 性은 無善無不善也라 하고
공도자왈 고자왈 성 무선무불선야

今曰 性善이라 하시니 然則彼皆非與잇까
금왈 성선 연즉피개비여

孟子曰 乃若其情則可以爲善矣니 乃所謂善也니라
맹자왈 내약기정즉가이위선의 내소위선야

-告子章

공도자公都子가 물었다.

"고자告子가 말하기를 '성性은 선善함도 없고 불선不善함도 없다' 하였는데, 지금 (선생님께서) 성性이 선善하다고 말씀하시니, 그렇다면 저告子들은 모두 틀린 것입니까?"

맹자가 말씀하였다.

"그 정情, 七情으로 말하자면 선善하다고 할 수 있으니, 이것이 내가 말하는 '선善하다'는 것이다."

某解

■ 성性에는 선악善惡과 시비是非와 호오好惡가 없다. 맹자가 중년에는 성선性善이라 하였다가 문인門人 공도자公都子의 물음에 지난날에 성

신性善이라 한 것은 칠정七情의 선악善惡으로 말한 것이리고 답한다. 고자장告子章에서 고자告子를 길게 힐난詰難했던 것을 생각하면 궁색한 답변이다. 그러나 맹자의 견처見處가 높아진 것을 볼 수 있다. 명성明性 이후에 성性이 무선무악無善無惡함을 알 수 있는 것이다.

■ 맹자가 만년에 '기정즉가이위선其情則可以爲善'이라 고쳐 말함은 맹자의 소박素朴이다. 성性을 밝히기 전에 도道를 말하는 스승노릇을 한 허물을 맹자에게서 볼 수 있다.

■ 세상에서는 맹자가 성선설性善說을 주장했다고 한다. 여기에는 '젊었을 때'라는 말이 빠진 것이다.

■ 주희朱熹가 '근세에 소식蘇軾과 호굉胡肱의 말이 고자告子와 같다.'라 하였는데, 이는 주희의 견처가 칠정七情의 형기形氣에 거처하여 측지測知로써 판단한 것이다. 측지測知는 어둡고 고루固陋하여 공자孔子를 등지고도 알지 못하는 둔근말사鈍根末士의 견해이다.

■ 정情이란 칠정七情이요, 범부의 마음이요 환幻이다. 정情을 성性이라 주장하는 무리와는 가까이 말라! 한번 물들면 오랜 세월을 허비하게 되며, 다시 공문정로孔門正路에 돌아오기 어렵고도 힘드니라.

맹자촬요 제31장

操存舍亡章
조존사망장

孔子曰 操則存하고 舍則亡하나니 出入無時하며
공 자 왈 조 즉 존 사 즉 망 출 입 무 시

莫之其鄕은 惟心之謂與인저 하시니라 —告子章
막 지 기 향 유 심 지 위 여

공자께서 말씀하셨다.

"잡으면 성성惺惺히 두렷하고 놓으면 흔적 없이 사라지나니, 나가고 들어옴이 때가 없으며, 그 나온 곳을 알 수 없다는 것은 오직 사람의 마음性을 말한 것이다."

某解

■ 조존사망장操存舍亡章은 공자孔子께서 명성明性 이후의 공부에 대해 하신 말씀이다. 성性이 성성惺惺하여야 칠정이 그치는止 것이다. 그치는 내용은 칠정을 쉬는 것이다. 칠정은 환심幻心이기 때문이다.

■ 진심眞心을 밝힌 연후에 '잡을操' 수 있다. 잡아야 지킬 수 있는 것이다. 처음 명성明性한 경지는 성性을 밝혔으나 정습情習이 짙어서 올올兀兀하게 성性을 지키지 않으면 칠정七情의 구름이 일어나 다시 어두워지는 것이다.

盡心知性章
진심지성장

孟子曰 盡其心者는 知其性也니
맹자왈 진기심자 지기성야

知其性이면 則知天矣니라 存其心하여 養其性은
지기성 즉지천의 존기심 양기성

所以事天也요 殀壽에 不貳하여
소이사천야 요수 불이

修身以俟之는 所以立命也니라
수신이사지 소이립명야

-盡心章

맹자가 말씀하였다.

"그 범부의 마음(七情)을 쉬는盡 자者는 그 성性을 안다. 그 성性을 알면 곧 천도天道를 아는 것이다. 그 성性을 오롯이 하여 그 성性을 지킴은 천도天道에 바르게 합合하는 것이요. 일찍 죽거나 늦게 죽음에 성性은 불변不變이거니, 성性을 밝혀 천도天道에 합合하는 것이 천명天命을 세우는 것이다."

某解

■ 진심盡心의 심心은 칠정七情이다. 칠정은 인심人心이며, 그 내용은 환幻이다. 그러므로 진심盡心은 환심幻心을 쉰다는 뜻이다.

■ 진盡이란 '쉬다'이다. 대학大學의 지止도 '쉬다'의 뜻이다. 진盡과 지止는 모두 '쉬다'로 풀어야 한다. 만약 진盡을 '없애다. 다하다'로 푼다면 맹자孟子의 뜻에서 멀다.

■ 진盡을 '없애다. 다하다'로 풀면 허물이 남는다. 칠정七情의 내용이 환幻인 까닭에 '칠정七情을 없애다' '칠정七情을 다하다'라 하면 환幻을 없애거나 다하는 노력이 필요한 것이다. 환幻은 문득 환幻인 줄 알면 환幻은 없다. 꿈을 깨면 꿈을 볼 수 없듯이.

■ 꿈은 없애는 것이 아니다. 다만 몰록 꿈인 줄 알면 꿈이 사라지는 것이다. 왜 사라지는가? 꿈의 내용이란 망습妄習의 인식認識이 빚은 환幻이기 때문이다.

■ 범부凡夫가 마음으로 여기는 칠정七情의 내용이 환幻이라는 말씀을 믿고 이해하지 못하면, 경經을 한 글자도 빼지지 않고 외우더라도 아무런 이익이 없다.

환幻이란 칠정의 망동妄動으로 인한 착식錯識일 뿐이다.

그러므로 칠정七情은 만날 수도 없앨 수도 없는 것인지라, 만나도 만난 것이 아니요, 없애도 없앤 것이 아니다. 그런 까닭에 성현聖賢의 가르침은 다만 '그친다止' 혹은 '쉰다休'고 하는 것이다.

■ 칠정이 환幻이라는 소식消息을 믿고 이해하여 일념一念의 출처出處를 오래도록 관觀하면 진심眞心을 만날 것이다. 환심幻心이 쉬면 홀연히 진심眞心이 드러나는 것이다.

맹자촬요 제33장

順受正命章
순수정명장

孟子曰 莫非命也니 順受其正이니라 -盡心章
맹 자 왈 막 비 명 야 순 수 기 정

맹자가 말씀하였다.
"일용사日用事가 천명天命 아님이 없으나, 그 정명正命에 순응順應해야 하느니라."

某解

■ '막비명야莫非命也'는 범부가 성性을 온전히 지니고 있다는 뜻이며 계사繫辭 '백성일용이부지百姓日用而不知'(범부가 나날이 性을 쓰면서도 스스로 알지 못하니라)의 해설이다.

■ '순수기정順受其正'은 명성明性해야 칠정七情의 가리움 없이 성性으로 동용주선動容周旋에 행할 수 있음을 뜻한다. 범부가 성性을 일용日用하면서도 스스로 알지 못하는 것이다.

■ 현성現聖은 성性으로 행하나, 범부는 성性이 칠정七情에 가려진 것이다. 칠정七情은 다만 환幻이라 가유假有일 뿐이다.

맹자촬요 제34장

行恕求仁章
행서구인장

孟子曰 萬物이 皆備於我矣니
맹 자 왈 만 물 개 비 어 아 의

反身而誠이면 樂莫大焉이요
반 신 이 성 낙 막 대 언

强恕而行하면 求仁이 莫近焉이니라 -盡心章
강 서 이 행 구 인 막 근 언

맹자가 말씀하였다.

"만물萬物이 모두 나에게 갖추어져 있나니, 자신의 성性에 돌이켜 보아, 성誠, 惺하면 즐거움이 이보다 더 클 수 없고, 서恕, 敬를 힘써서 행하면, 인仁을 구함이 이보다 가까울 수 없다."

某解

■ 만물개비어아萬物皆備於我의 아我는 진아眞我를 가리킨다. 진아眞我는 진심眞心 즉 도심道心이다.

■ 반신이성反身而誠의 반신反身은 반지反之, 반조返照, 반경反經과 같은 뜻으로 자신의 성性을 비추어 회복回復하고자 하는 공부인 것이다. 이성而誠은 '(返照하여) 깨닫다'는 뜻이다. 성誠은 성惺과 뜻이 같다.

■ 강서이행强恕而行은 경敬으로 공부하다의 뜻이다.

■ 서恕는 경공부敬工夫요, 공부의 내용은 순일반조純一返照이다. 오직 경敬으로 순일純一하게 반조返照해야 성性에 계합契合할 수 있는 것이다.

■ 공자孔子께서 수신이경修身以敬이라 하고, 경이직내敬以直內라 함은, 선비를 개오처開悟處로 이끄는 직지설直指說이다.

■ 증삼曾參이 공자孔子의 일이관지설一以貫之說을 충서忠恕로 이해한 것을 맹자가 이 장에서 바로 잡았다. 맹자는 충서忠恕를 강서이행强恕而行 즉 일력강행一力强行이라 하였다.

■ 맹자는 행서구인장行恕求仁章을 통해 '반신이성反身而誠 강서이행强恕而行' 여덟 자로써 공부의 요要를 표현한 것이다.

맹자촬요 제35장

良知良能章

양지양능장

孟子曰 人之所不學而能者는 其良能也요
맹 자 왈 인 지 소 불 학 이 능 자 기 양 능 야

所不慮而知者는 其良知也니라 -盡心章
소 불 려 이 지 자 기 양 지 야

맹자가 말씀하였다.

"사람들이 배우지 않고도 능한 것은 양능良能이요, 생각하지 않고도 아는 것은 양지良知이다."

某解

■ 양능良能은 배우지 않고 능能한 것이니, 자고, 먹고, 걸으며, 천지 만물과 더불어 이러히 저러히 하는 것이다. 불학이능不學而能의 양능자良能者가 성性이다.

■ 맹자가 생각하지 않고도 보고 들으면 절로 아는 것을 양지良知라 하였다. 불려이지不慮而知의 양지良知란 성性의 고유固有한 절대진지絶對眞知이다. 양지良知가 성性이요, 성性이 곧 양지良知이다. 명성明性이란 양지良知에 계합契合한 것이요, 성誠이란 양지良知가 드러난 경계이다. 맹자가 양지良知를 밝혀 드러내어 가르침을 폈으니, 초성初聖의 경지境地에 나아간 것이다. 이로써 젊은 날의 미설迷說 의 허물, 반半이 지워졌다

고 하겠다.

■ 맹자가 양지良知를 설說할 때, 이순耳順의 즐거움에 든 것이다.

■ 양지良知는 대현초성大賢初聖의 경지境地가 아니면 말할 수 없다. 도道를 말하나 양지良知가 명성종심明性從心의 유일처唯一處임을 드러내지 못하면 칠정七情의 덕혜술지자德惠術知者일 뿐이다. 성性의 진지眞知를 양지良知라 한 것은 맹자가 자견自見을 세움이며 '칠정七情의 지知'와 구별하는 말이다.

■ 양지良知는 불려이지不慮而知가 성성惺惺하지 않으면 알 수 없다. 양지良知는 칠정七情의 환식幻識으로 만나지 못하는 것이다.

■ 대저 범부는 칠정으로 분별하고 판단하는 까닭에 양지良知를 알지 못하는 것이다. 오직 칠정 없는 생각에 합해야 양지良知가 드러나는 것이다.

■ 왕양명王陽明은 맹자의 양지설良知說에서 나아가 '치량지설致良知說' 즉 '양지性에 맡겨 행한다'는 설을 세웠다. 임성수연任性隨緣과 통한다. 현성賢聖은 양지良知가 적연성성寂然惺惺하며 무위無爲에 거처하는 것이다.

맹자촬요 제36장

悳慧術知章

덕혜술지장

孟子曰 人之有悳惠術知者는
맹 자 왈 인 지 유 덕 혜 술 지 자

恒存乎 疢疾이니라
항 존 호 진 질

—盡心章

맹자가 말씀하였다.

"도道를 배우는 이가 덕혜술지德惠術知에 머무는 것은 항상 열병熱病에 처해 있는 것과 같다."

某解

■ 덕혜술지德惠術知란 성인聖人의 가르침을 깜냥대로 학습學習하여 자신의 환견幻見을 보탠 지식知識이다.

■ 덕혜술지德惠術知와 덕혜술지德慧術知는 같은 뜻이다.

■ 덕혜술지德惠術知로써 성性과 천도天道에 대해 견해見解를 펴면 사람마다 다른 의견意見이 나는 것이다. 이는 자공子貢이 걱정하던 바다. 개개箇箇가 의견을 내면 학파學派가 생기고, 학파學派가 생기면 그 설說이 달라지며, 설說이 달라지면 공자와 멀어지는 것이다. 덕혜술지德惠術知의 폐해는 억측술해臆測術解가 되나니, 그 병명病名은 진질疢疾이다.

不加不損章
불가불손장

孟子曰 君子所性은 雖大行이나 不加焉이며
맹자왈 군자소성 수대행 불 언

雖窮居나 不損焉이니 分定故也니라 -盡心章
수궁거 불손언 분정고야

맹자가 말씀하였다.
"군자君子의 성性은 비록 천하天下에 행해지더라도 더 보태지지 않으며, 비록 궁촌窮村에 거居하더라도 줄어들지 않나니, 그 분分이 불변不變인 까닭이다."

某解

■ 모든 사람의 성性은 불가불손不加不損이다. 성性은 더하거나 줄어들지 않는 것이다. 맹자가 성性의 불변지도不變之道를 밝힌 것이다. '君子所性'을 '人之所性'으로 고쳐야 뜻이 원만하다. '君子所性'이라 함은 명성明性한 이는 칠정에 어두워지지 않음을 강조한 것이나, 불가불손不加不損의 도리가 군자君子에 한정하는 허물이 생긴 것이다.

■ 불가불손不加不損이라함은 사생死生이 성性을 변變하게 할 수 없음을 이른 것이다. 성性은 사생死生에 적연부동寂然不動이다. 이는 맹자 만년晩年의 경지境地이다.

性之身之章
성지신지장

孟子曰 堯舜은 性之也요 湯武는 身之也요
맹 자 왈 요 순 성 지 야 탕 무 신 지 야

五霸는 假之니라
오 패 가 지

-盡心章

맹자가 말씀하였다.
"요순堯舜은 성性에 맡겨 소요逍遙하였고, 탕무湯武는 반조返照에 힘쓴 것이요, 오패五霸는 지혜智慧를 빌린 것이다."

某解

■ 성지性之는 성지誠之이다. 성지性之는 지천명知天命 이후의 공부工夫이다.

■ 신지身之는 반조返照에 힘쓰는 공부工夫이다. 신지身之는 입명立命과 불혹지不惑地의 경공부敬工夫인 것이다.

■ 가지假之는 덕혜술지德惠術知이다. 가지假之는 지학입명志學立命의 공부工夫이다. 이 장은 맹자 노년老年의 말이다.

性者反之章
성자반지장

孟子曰 堯舜은 性者也요 湯武는 反之也시니라
맹 자 왈 요 순 성 자 야 탕 무 반 지 야

動容周旋에 中禮者는 盛德之至也니라 —盡心章
동 용 주 선 중 례 자 성 덕 지 지 야

맹자가 말씀하였다.
"요순堯舜은 '성性 그대로' 소요逍遙하였고, 탕무湯武는 성性을 반조返照하여 지켰다. 동용動容하고 주선周旋함에 성性, 中으로 예禮에 나아가는 것은, 성덕盛德이 지극한 도리이니라."

某解

■ 성자性者란 종심從心의 경지이다. 종심從心의 내용은 '성性 그대로' 변함없이 일상생활日常生活에 무정無情인 것이다. 성자性者의 공부를 임성소요행任性逍遙行이라 한다. 임성소요행이란 칠정七情에 머무름 없이 성性으로 일상日常의 행行에 소요逍遙한다는 뜻이다. 이는 일상에 성性이 사이 없이 깨어惺惺있는 것이다.

■ 중례中禮의 중中은 성性이다. 중례中禮란 일상日常의 행마다 성성惺惺하지 아니함이 없어 예禮가 유연幽然히 드러나는 것을 의미한다. 성性으로 행行하는 것은 현성賢聖의 경지境地이다. 덕혜술지德惠術知의 선

비가 어찌 그 행行의 담연적적淡然寂寂을 헤아리랴!

■ 계사繫辭에 지숭예비知崇禮卑라 하고, 논어論語에 회사후소繪事後素라 하였다. 지숭예비知崇禮卑란 지혜智慧를 높이고 예禮는 낮추는 것이다. 예禮란 지혜智慧를 배우기 위해 생각을 다듬는 형례形禮인 것이다. 종심從心이면 행行마다 예禮에 어긋나지 않는다. 이를 지례至禮라 한다. 극기복례克己復禮의 예禮는 지례至禮이다.

■ 지혜智慧는 성性의 본연本然이요, 예禮란 뜻을 본받는 것이다. 그러므로 예禮를 높이는 자는 소인小人이요, 지혜智慧를 밝힘에 예禮가 따르는 자는 대인大人이다.

■ 지금 세상에 공자孔子를 존숭尊崇하는 사당에 흠향歆饗하는 자가 끊이지 않으나, 형례形禮를 고집하고 지혜智慧를 높이지 아니한다. 존숭尊崇의 예禮에 지혜智慧가 깃들지 아니하면 사례邪禮가 되는 줄 알지 못하는 것이다.

■ 이 장은 맹자 만년晩年의 말이다. 38장보다 견처見處가 밝다. 그 경지境地를 알기에 '성자聖者, 반지反之'라 하는 것이다.

맹자촬요 제40장

居仁由義章
거인유의장

孟子曰 士가 居仁由義면
맹 자 왈 사 거인유의

大人之事備矣니라
대 인 지 사 비 의

—盡心章

맹자가 말씀하였다.
"선비가 인仁에 거처居處하고 의義를 나툰다면, 대인大人의 일이 갖추어진 것이다."

某解

■ 인仁이란 무사無思의 대용大用 즉 무위無爲의 행이다. 여기서 대인大人이란 안회顔回 등의 경지境地에 이른 자를 가리킨다.

■ 옛 선비는 공부처에 거인유의居仁由義라는 현판懸板을 걸었다. 옛 선비는 인仁에 거처居處하여 의義를 나투는 것이 공부의 목표였던 것이다.

■ 지금의 선비도 공자孔子를 배우려면 반드시 거인유의居仁由義를 목표 삼아야 할 것이다.

맹자촬요 제41장

言性也故章
언성야고장

孟子曰 天下之言性也는 則故而已矣니
맹 자 왈 천 하 지 언 성 야 즉 고 이 이 의

故者는 以利爲本이니라 —離婁章
고 자 이 리 위 본

맹자가 말씀하였다.
"천하天下에 성性을 말함은 본래故일 뿐이니, 본래故라는 것은 무위종심無爲從心을 근본根本으로 삼는다."

某解

■ 고故란 본래本來이다. 성性은 곧 나我이니, 본래本來를 구하는 것은 '본래本來의 나'를 찾는 것이다.

■ 보고見, 듣고聞, 말하고言, 나고生, 죽는死 근원根源을 가리켜 본래故라 하는 것이다. 그 근원根源을 성性이라 하고, 진심眞心이라 하며, 진아眞我라 하는 것이다.

■ 성性을 말하는 이는 현성賢聖이요, 성性은 사람 본래의 실상實相이다. 무위종심無爲從心은 성性의 본래실상本來實相이다. 이 도리는 명명덕明明德 연후에 말할 수 있다.

精一執中章
정일집중장

孟子曰 執中이 爲近之나
맹 자 왈 집 중 위 근 지

執中無權이면 猶執一也니라 ─盡心章
집 중 무 권 유 집 일 야

맹자가 말씀하였다.
"성性, 中을 반지反之하는 것이 도道에 가까우나, 성性, 中을 반지反之하면서도 경이직내敬以直內의 직관直觀이 없으면 한 귀퉁이를 잡는 것과 같다."

某解

■ 집중執中은 정일집중精一執中이다. 정일집중精一執中은 요堯임금이 순舜임금에게 남긴 심요心要이다.

"인심七情은 위태롭고 도심眞心은 모습 없이 두렷하나니, 오직 정미精微롭고 한결같이 하여 진실되이 그 성性을 지켜라!"
(人心惟危하고 道心惟微하나니 惟精惟一 하여 允執厥中하라.)

이는 명성明性이후의 공부工夫를 말한 것이니, 곧 성공부誠工夫이다.

■ 경공부敬工夫는 성性을 밝히려 하는 공부요, 성공부誠工夫는 성性을 밝힌 연후에 성性을 오롯 밝게 지키는 공부이다. 경공부敬工夫와 성공

부誠工夫의 '한결같이 함'이 닮았다.

■ 정일집중精一執中은 성性을 무념無念으로 지켜 비추는 것이다. 그러므로 성性을 지키나 지킨 바 없고, 비추나 비춘 바 없음이 성性의 실상實相이다.

■ 맹자는 집중執中을 경공부敬工夫의 반조返照의 의미로 사용하고 있다. 맹자의 강설講說이 경이직내敬以直內에 있음을 볼 수 있다.

■ 精一執中章은 맹자가 경공부敬工夫의 요목要目을 설명한 것이다. 사단칠정설四端七情說과 우산지목설牛山之木說의 때와는 달리 높은 견처를 보였다. 이 장은 사득自得의 내용을 통해 공부방법工夫方法과 경지境地를 밝게 분판分判하는 정사正師의 위位가 보이는 것이다.

■ 정일精一이 아니면 바른 공부의 문에 들 수 없고, 집중執中이 아니면 밝힘에 나아갈 수 없다.

形色天性章
형색천성장

孟子曰 形色이 天性也니
맹자왈 형색 천성야

惟聖人然後에 可以踐形이니라 -盡心章
유성인연후 가이천형

맹자가 말씀하였다.

"형색形色이 천성天性이니라. 오직 성인聖人 연후에 그 도리道理를 쓰나니라." (踐(천) : 밟다. 실천하다.)

某解

■ 범부의 있는 그대로가 천성天性아님이 없다. 범부가 스스로 알지 못할 따름이다. 형색천성形色天性의 견처見處는 드밝은 경지이다. 형색천성장形色天性章은 맹자의 만년晩年의 드밝은 경지이다.

■ 형색形色이 곧 천성天性이다. 그러나 그 설명은 난난難難이다. 형색천성形色天性의 이理는 명성明性 이후에 확인確認할 수 있는 것이다. 억지로 풀어본다. 형색形色은 칠정七情, 천성天性은 진심眞心을 뜻한다. 칠정은 환幻이다. 칠정이 환이라면 칠정을 쓰는 당체當體 즉 천성天性은 항상 나타나 있는 것이다. 그 당체가 천성이다. 그러므로 형색形色이 천성天性이라 하는 것이다.

맹자촬요 제44장

反經而已章
반경이이장

孟子曰 君子는 反經而已矣니라 —盡心章
맹자왈 군자 반경이이의

맹자가 말씀하였다.
"군자君子는 성性을 회복回復할 뿐이니라."

某解

■ 반경反經은 '성性을 회복回復하다'는 뜻이다. 도道를 닦음이란 본래의 성性을 회복하는 것일 뿐이다. 다른 도리道理가 있는 것이 아니다.

■ 수신修身의 요목要目은 반경反經이며, 반경反經의 내용은 명성明性이다. 명성明性 다음의 공부목표는 지성至誠이다. 명성明性은 대현大賢의 문門을 연 것이며, 지성至誠은 적념무위寂念無爲의 지극한 경지境地이다. 지성至誠은 공자께서도 향해 나아가던 대성인大聖人의 위位이다.

중용촬요
中庸撮要

성여천도 性與天道
십오목 十伍目

天命之謂性이요 率性之謂道요 修道之謂教니라
천 명 지 위 성　솔 성 지 위 도　수 도 지 위 교

道也者는 不可須臾離也니 可離면 非道也니라
도 야 자　불 가 수 유 리 야　가 리　비 도 야

-中庸 1장

천명天命은 성性을 이르고, 성性이 (誠하여) 작용作用함을 도道라 하며, 도道를 밝히는 가르침을 교敎라 한다. 도道란 잠시라도 떠날 수 없다. 떠난다면 도道가 아니다.

某解

■ 천명天命이란 불변不變의 명命이요, 천연天然한 마음이다. 천연天然한 마음이란 칠정七情이 없는 마음이다. 칠정이 없는 마음을 도심道心, 진심眞心, 성性, 등으로 부르는 것이다. 스스로의 성性에 계합契合하여야, 천연天然한 마음을 확인할 수 있다. 확인이란 증오證悟이다.

■ 칠정七情과 진심眞心을 명확히 분별하여 설명하는 것이 상교上敎이다. 다시 말해 인심人心과 도심道心을 명확히 설명할 수 있으면 도道를 아는 이라 할 수 있다. 솔성率性이란 성性에 맡겨 시절時節을 따르는 것이다.

■ '도道는 (사람을) 잠시라도 떠날 수 없는 것이라, 떠날 수 있다면 도道가 아니다.'(不可須臾離也 可離 非道也)란 말은 범부의 '있는 그대로'에 도道가 온전하다는 뜻이다.

■ 실實에 있어 어찌하면 도道가 온전하게 되는가? 비유하건대 웅덩이의 물에 막대기를 넣어 휘저으면 물이 흐려질 것이다. 웅덩이의 물을 맑게 하고자 하면 막대기를 꺼내고 기다리면 물이 맑아지지 않을 수 없다. 물은 성性, 막대기는 칠정七情에 비유한 것이다. 맑아지고자 하는가? 오직 막대기를 꺼내 쉬는 법을 배워 행하면 될 일이다.

■ 범부凡夫의 성性이 성인聖人과 다르지 아니하나 범부가 스스로 알지 못하는 것이다. 그런 까닭에 성인聖人은 범부가 본래 성인聖人과 다르지 아니함을 일깨우고, 공부 방법을 제시한다. 그러나 따르는 이가 드물다. 왜냐하면 범부는 칠정七情에 묶여서 애욕愛慾과 탐심貪心에 물든지 오래라, 그것의 꿈에서 벗어나지 못하기 때문이다. 만약 인생을 찰나의 꿈으로 보고 부귀영화를 가랑잎으로 볼 수 있다면 공문孔門의 도道에 나아갈 수 있다.

■ 공문孔門의 도道에 나아갔다면 수사선도守死善道로써 수행해야 한다. 공자께서 그러하였고, 안회顔回가 모범을 보였다. 공부란 세상을 잊고 목숨 걸고 노력하는 길 밖에 다른 방도가 있지 아니하다. 만약 삼년을 이러히 노력한다면 반드시 공문孔門의 도추道樞를 잡게 될 것이다.

중용촬요 제2목

喜怒哀懼(樂)之未發을 謂之中이요
희 노 애 구 낙 지 미 발 위 지 중

發而皆中節을 謂之和니 中也者는 天下之大本也요
발 이 개 중 절 위 지 화 중 야 자 천 하 지 대 본 야

天下之達道也니라
천 하 지 달 도 야

-中庸 1장

칠정七情이 발發하지 않음을 중中이라 이르고, 칠정七情이 발發하여 중中이 다 절도節度에 맞음을 화和라 한다. 중中이란 천하의 대본大本이요, 화和란 천하의 달도達道이다.

某解

■ 중中이란 성性의 다른 이름이다.

■ 칠정七情의 낙樂은 자사子思의 오류誤謬이다. 낙樂은 구懼로 고쳐야 한다. 희喜와 낙樂의 구분이 애매하다. 공자孔子께서 예기禮記에 구懼라 하였다.

■ 칠정七情은 본래 없는 것이다. 칠정七情이 본래 없는 것임을 확인하는 것이 공부工夫이다. 이 뜻에 합하기가 어려울지나 반드시 이 관문關門을 넘어야 공자孔子를 만난다. 계사繫辭의 정위情僞, 무사無思와 중용中庸의 무위이성無爲而成 부사이득不思而得과 논어論語의 무의無意, 사무사思無邪, 무위이치無爲而治의 본의本意가 칠정七情이 본래 없다는 뜻이다. 자사子思가 가전家傳의 말씀과 증삼曾參에게 배운 말을 정리하

고, 자견自見을 더하여 중용中庸을 지었으되, 공자孔子의 말씀을 통해通解한 것이 아니다.

■ "喜怒哀懼(樂)之未發을 謂之中이요 發而皆中節을 謂之和니 中也者는 天下之大本也요 天下之達道也니라"를 정위情僞, 사무사思無邪의 이치로써 풀면 아래와 같다.

匹夫七情之體가 謂之性(中)이요 發而無情이 謂之和니 性(中)也者는 天下之大本也요 性之和也者는 天下之達道니라 性者는 雖有動靜終始而寂然不動也니라

"필부의 칠정七情의 체體가 성性이다. 마음을 생生함에 칠정七情이 없음을 화和라 한다. 성性은 천하의 대본大本이요, 성性의 화和란 천하의 달도達道이다. 성性은 비록 동정動靜과 종시終始를 두나 항상히 적연부동寂然不動한 것이다."

중용촬요 제3목

君子之中庸也는 君子而時中이니라
군 자 지 중 용 야　군 자 이 시 중

知者는 過之하고 愚者는 不及也니라
지 자　과 지　우 자　불 급 야

-中庸 2장

중용中庸이란 군자의 시중時中이다. 덕혜술지자德惠術知者는 지나치고, 어리석은 자는 불급不及이다.

某解

■ 중용中庸이란 성性이 두렷함이다. 성性이 두렷하다는 것은 칠정七情이 없기 때문이다.

■ 시중時中은 적념무위寂念無爲이다. 무위無爲란 성誠하면 칠정七情의 함이 없는 까닭으로 적념무위寂念無爲라 하는 것이다.

■ 공자孔子의 성性과 천도天道에 대한 가르침을 받았어도, 덕혜술지德惠術知에 머무는 자는 성性의 실상實相을 과지過之하고 어리석은 자는 불급不及하는 것이다.

■ 이 장章에서 지자知者란 덕혜술지자德惠術知者이다. 덕혜술지자德惠術知者란 성지聖智를 견문見聞으로 배우고, 자견自見을 더하여 所見으로 삼는 자이다.

君子之道는 費而隱이라
군자지도 비이은

詩云 鳶飛戾天 魚躍于淵이라 -中庸 12장
시운 연비려천 어약우연

군자君子의 도道는 나타나 있으나 모습이 없느니라. 시경詩經에 이른다. "솔개는 허공에 날고, 물고기는 못에 노니누나."

某解

■ 비費는 나타남이요, 은隱은 숨는 것이다. 성性은 가리려 해도 가릴 수 없으므로 비費라 하고, 모습이 없으므로 은隱이라 한다. 성性은 항상히 나타나 있으나 범부가 스스로의 칠정七情의 환식幻識에 가려 알지 못하는 것이다.

■ 비費는 상비常費요, 은隱은 은미隱微이다. 그러므로 성性은 상비은미常費隱微이다. 려戾는 이르다至이다.

■ 연비여천 어약우연鳶飛戾天 魚躍于淵의 도리道理는 경공부敬工夫에 힘써 성誠에 들어야 알 수 있다. 자세한 설명은 참 공부에 해룹다. 맹자가 '형색形色이 천성天性이라' 함이 연비어약鳶飛魚躍의 답이다.

중용촬요 제5목

子曰 忠恕違道不遠이라
자 왈 충 서 위 도 불 원

-中庸 13장

공자孔子께서 말씀하였다.
"충서忠恕는 도道와 멀지 않다."

某解

■ 충서忠恕는 경공부敬工夫에 집중執中하는 것이다. 충서忠恕의 선로善路는 반지反之이다.

■ 지난날의 모든 현사賢士 달사達士가 반조返照에 집중執中하여 명성明性하였다.

■ 논어論語, 불여학야不如學也의 공부學란 성性을 밝히는 공부이다. 성性을 밝힌 연후에 도道를 말할 수 있다. 명성明性한 뒤의 공부는 성공부誠工夫이다.

■ 논어論語에, 공자의 오도일이관지설吾道一以貫之說에 증삼曾參이 충서忠恕라 해설했다. 중용中庸에 충서불원忠恕不遠이 보이는 것은 자사子思가 가전家傳의 말을 옮겨 증삼의 해설을 나무란 것이다. 증삼이 죽은 뒤, 중용을 지었을 것이다.

子曰 鬼神之爲德이 其盛矣乎인저 視之而弗見하며
자왈 귀신지위덕 기성의호 시지이불견

聽之而弗聞이로되 體物而不可遺니라
청지이불문 체물이불가유

洋洋乎如在其上하고 如在其左右니라
양양호여재기상 여재기좌우

詩曰 神之格(來)思는 不可度思 矧(況)可射(逆)思아
시왈 신지격래사 불가탁사 신황가사역사

-中庸 16장

공자께서 말씀하셨다.

"귀신鬼神의 덕德이 성대하구나. 보되 봄이 없고, 듣되 들음이 없나니, 귀신鬼神의 체성體性은 잃을 수 없도다." "양양洋洋하도다! 위에 있는 듯, 좌우에 있는 듯하구나. 시경에 '성신性神의 사思는 미루어 헤아리는 것이 불가不可하다' 하나니 하물며 성신性神을 싫어할 수 있겠는가?"

某解

■ "모습 없는 성性의 덕德이 성대하도다! 보되 봄이 없고, 듣되 들음이 없나니, 성性의 체體는 잃을 수 없도다! 두렷하여 양양洋洋하도다! 위에 있는 듯, 좌우에 있는 듯 청정淸淨하여 광명光明을 나투도다! 시경詩經에 '성性의 작용은 염담恬憺하고 허무虛無하여 헤아리는 것이 불

가不可하다' 하나니, 하물며 성性에 싫어함을 둘 수 있겠는가?"

■ 귀신鬼神은 성性을 가리킨다. 성性이 모습이 없으므로 귀鬼라 이름하는 것이다. 성性을 처소處所에 따라 정精, 기氣, 신神으로 부른다. 예부터 이 장을 중용中庸16장이라 하고, 별칭으로 귀마장鬼魔障이라 한다. 귀신鬼神을 설명하기 쉽지 않기 때문이다.

■ 성性은 모습이 없으나, 영묘靈妙하여 보고 듣고 오고감에 본래本來로 대적무위大寂無爲의 자유自由라, 귀신鬼神이라 이름하는 것이다.

■ 불弗은 무無이다. 체물體物은 체성體性이다. 탁度은 헤아리다. 미루어 짐작하나(測).

■ 사람의 성性을 귀鬼라 한다. 산 사람은 몸 있는 귀신鬼神이요, 죽은 사람은 몸 없는 귀신鬼神이다. 살았거나 죽었거나 간에 칠정七情에 가려 있으면 범부凡夫요, 칠정七情이 환幻인 줄 확인確認하였으면 현자賢者요, 칠정七情에 머물지 아니하면 대현大賢이다.

■ 성性의 체성體性을 잃을 수 없는 것은 성性은 불변不變이기 때문이다. 성性의 불변不變을 덕혜술지德惠術知가 아닌 총명성지聰明聖智로써 알아야 자득自得이라 한다.

仁者는 人也니라 天下之達道와 天下之達德의
인자 인야 천하지달도 천하지달덕

行之者는 一也니라 惑生而知之하며 惑學而知之하며
행지자 일야 혹생이지지 혹학이지지

惑困而知知하나니 及其知之하여는 一也니라. -中庸20장
혹곤이지지 급기지지 일야

인仁이란 사람性의 본연행本然行이다. 천하의 달도達道와 천하의 달덕達德을 행行하는 것은 하나性이다. (그 性을 깨치는 데에는) 혹 나면서 성性을 알며, 혹 배워서 성性을 알거나, 혹 고달피 애써서 성性을 아나니, 그 성性을 앎에 있어서는 같으니라.

某解

■ 인仁이란 사람 본연本然의 행行이다. 그러므로 자신의 성性을 밝히면 본연本然을 회복回復하여 인仁에 나아갈 수 있는 것이다.

■ 인仁은 사람에게 본래 갖추어 있는 것이다. 다만 범부가 칠정七情에 미혹迷惑하여 칠정七情따라 애욕愛慾, 명예욕名譽慾, 부귀욕富貴慾, 모압욕侮狎慾을 지어 그 속에서 허우대는 까닭에 본래면목本來面目을 허망하게 잊은지라, 인仁하지 못하는 것이다.

誠者는 天之道也요 誠之者는 人之道也니
성 자 천 지 도 야 성 지 자 인 지 도 야

誠者는 不勉而中하며 不思而得하며 從容中道하나니
성 자 불 면 이 중 불 사 이 득 종 용 중 도

聖人也요 誠之者는 擇善而固執之者니라. -中庸20장
성 인 야 성 지 자 택 선 이 고 집 지 자

성誠은 성性, 天의 도道요, 성誠하려는 이는 칠정범부七情凡夫의 도道이다. 성무위誠無爲에 든 이는 애쓰지 않아도 도道 가운데 있으며不勉而中, 생각하지 않고 성性에 깨어 있으며不思而得, 성性에 맡겨 도道 가운데 있으므로從容中道 성인聖人이다. 성誠하려는 이는 택선擇善하여 경이직내敬以直內의 공부工夫를 굳게 잡은 자이다.

某解

■ 성誠은 칠정七情이 몽환夢幻임을 확인한 이후의 상태狀態이다. 그러므로 성誠은 칠정의 그침에 따라 입성入誠, 거성居誠, 성성惺誠, 지성至誠으로 경지境地가 나뉜다. 성誠의 경지에 계위階位가 있음을 알아야 공부길이 어둡지 아니하다.

■ 공자께서 자신의 경지境地 변화를 논어論語에 설명하였다. 지천명知天命이 입성入誠이요, 이순耳順이 거성居誠이요, 종심從心이 성성惺誠이라 하신 것이다. 지성至誠이면 모든 성인聖人들의 스승인 대성인大聖

人이다.

공자께서도 오십세에 지천명知天命하여 성誠에 들었다. 그 경지 가까이 가야 그 경지가 보이고, 그 경지라야 그 경지를 알 수 있다.

■ 성지誠之는 성誠하려는 공부이다. 성지誠之의 방도를 택선擇善이라 하고 경지라 하지 않는다. 택선擇善은 경공부敬工夫를 굳게 잡은 것이다.

■ 불면이중不勉而中은 애쓰지 않아도 성性이 현전現前한다는 뜻이다. 허공이 허공 되고자 하는 노력이 필요하겠는가?

■ 부사이득不思而得은 생각하지 않고도 성性에 깨어 있는 것이다. 허공이 허공 되고자 하는 관념이 쉬면 곧 병病이 없는 것이다.

■ 종용중도從容中道란 온전히 성性으로 거닌다는 뜻으로 이순耳順의 경지이다.

■ 경이직내敬以直內의 공부工夫를 굳게 잡은 자란, 성性을 반조返照함이 정간精簡하여 주야晝夜에 성성惺惺을 목표하여 노력하는 해맑은 선비이다.

■ 박학지博學之, 심문지審問之, 신사지愼思之, 명변지明辯之, 독행지篤行之에 간명簡明을 득한 이후에 경공부敬工夫에 들어야 병통病痛이 적다.

■ 박학博學은 성현의 말씀을 두루 배우는 것이요, 심문審問은 스승을 찾아 심학요목心學要目을 여쭈는 것이요, 신사愼思는 반지反之에 이롭지 않은 사事를 끊는 것이요, 명변明辯은 공부노정工夫路程의 간명簡明을 얻은 것이요, 독행篤行은 오로지 한길로 나아감이니 박심신변博審愼辯의 정간精簡을 경敬에 옮기는 것이다.

■ 정간精簡을 알지 못하고 경敬으로 노력하는 이는 약간의 장애障碍를 겪는다. 그런 까닭에 공자께서 박학지博學之, 심문지審問之, 신사지愼思之, 명변지明辯之, 독행지篤行之를 강조하신 것이다.

중용촬요 제9목

自誠明을 謂之性이요 自明性을 謂之教니 誠則明矣요
자성명 위지성 자명성 위지교 성즉명의

明則誠矣니라 惟天下至誠이라야 爲能盡其性이니라
명즉성의 유천하지성 위능진기성

-中庸 21장

성誠하여 밝히는 것은 성性이요, 성性에 밝아 성誠의 내용을 설명하는 것을 교教라 한다. 성誠하면 밝아지고, 밝으면 성誠하니라. 오직 천하에 지성至誠이라야 능히 그 성性을 온전히 하느니라.

某解

■ '성즉명誠則明 명즉성明則誠' 여섯 글자가 성性을 밝히는 묘리妙理를 가장 잘 설명한 곳이다. '성誠하면 밝아지고, 밝으면 성誠하니라.'라는 구절句節을 깊이 생각하면 얻는 바가 있을 것이다.

■ 공자께서도 스스로 지성至誠에 미진未盡하다고 하였다. 지성至誠은 대성인大聖人의 경지境地이다.

誠者는 自成也요 而道는 自道也니라
성 자 자 성 야 이 도 자 도 야

誠者는 物(性)之終始니 不誠이면 無物(性)이라
성 자 물 성 지 종 시 불 성 무 물 성

是故로 誠之爲貴니라
시 고 성 지 위 귀

成己는 仁也요 成物은 智也니라
성 기 인 야 성 물 지 야

-中庸 제25장

성誠은 스스로 이루는 것이요, (誠하여 나타난) 도道는 스스로 그러한 것이다. 성誠은 마음性, 物의 종終과 시始요, 성誠하지 아니하면 성性이 드러나지 않는다. 그러므로 군자君子는 성誠을 가장 귀貴하게 여기느니라. 참나眞我, 己를 이루는 것은 인仁이요, 무사無思의 행物을 이루는 것은 지혜智慧이다.

某解

■ 물지종시物之終始의 물物이란 성性이요, 진심眞心이다.

■ '불성不誠이면 무물無物'이란 성誠하지 아니하면 성性이 드러나지 아니한다는 뜻이다. 성性이 칠정七情에 가려져 있으면 어둡다는 의미이다. 그러므로 무물無物이라 한 것이다.

■ 성誠은 성性의 천연天然이다. 그러므로 천연의 성性은 성성무위惺惺無爲이다. 지성至聖은 칠정七情의 자취가 없는 대적무위大寂無爲의 경지

境地이다.

■ '성물成物은 지야智也'란 무사無思의 행物을 이루는 것은 지혜智慧라는 뜻이다. 물物은 사事라 무사無思의 행物이요, 그 행은 지혜智慧가 이루는 것이다. 공자께서는 오직 범부의 지혜智慧를 밝히고자 하신 것이다. 도道를 밝힘은 지혜를 밝히는 것이요, 지혜를 밝혀야 인생人生이 어둡지 않은 것이다. 성性의 천연天然은 오직 진지眞知의 지혜智慧이다.

■ 성性의 대용大用은 인仁이요, 인仁은 무위無爲가 드러난 빈 모습의 진지眞知이다.

■ 범부凡夫의 대병大病은 일념一念을 실失하여 칠정七情이 어지럽게 일어난 까닭이다. 만약 칠정七情을 쉬고자 함에 뜻을 둔다면, 공문孔門의 정로正路에 한 걸음 내디딘 것이다.

■ 범부凡夫의 대병大病은 칠정七情으로 지은 생각들의 모임을 마음으로 여기는 데 원인이 있다. 만약 칠정七情이 몽환夢幻인 줄 이해한다면 공자의 가르침을 측해한 것이다. 이러히 안 연후에 경敬으로 직내直內하면 성性이 밝아지는 것이다.

중용촬요 제11목

至誠은 無息이라 性者는 不見(現)而章하며 不動而變하며
지 성 무 식 성 자 불 현 현 이 장 부 동 이 변

無爲而成이니라. 天地之道는 可一言而盡也니
무 위 이 성 천 지 지 도 가 일 언 이 진 야

其爲物(心)不貳라 則其生物(心)이 不測이니라
기 위 물 심 불 이 즉 기 생 물 심 불 측

-中庸 26장

지성至誠은 쉼이 없나니, 성性은 나타내려 하지 않아도 드러나 있으며(不見而章), 적연부동寂然不動이면서 변화變化를 나타내고(不動而變), 만사萬事를 함이 없이 이루니라(無爲而成). 천지의 도道는 한마디로써 다할 수 있으니, 그 마음性은 둘이 아니다. 그 마음性이 일어나는 것을 헤아려 짐작할 수 없느니라.

某解

■ 지성무식至誠無息 : '지성至誠은 쉼이 없다'란 성性에 칠정七情이 없으면 지성至誠을 이루어 대적무위大寂無爲에 소요逍遙한다는 뜻이다. 이는 대성인大聖人의 경지이다.

■ 불현이장不見而章 : 성誠에 들면 성性은 나타내려 하지 않아도 드러나 있다. 칠정七情이 쉬었기 때문이다.

■ 부동이변不動而變 : 성性의 본원本源은 칠정七情이 어지러울 때에도

본원本源은 적연부동寂然不動이다. 그러므로 성性은 적연부동寂然不動으로 변화變化를 나타내는 것이다. 변화變化를 나타낼 때에도 성性은 적연부동寂然不動이다. 그러하기에 부동이변不動而變이라 하는 것이다.

■ 무위이성無爲而成 : 만사萬事를 함이 없이 이룬다는 것은, 칠정七情이 없이 만사萬事에 응한다는 뜻이다.

■ 위물불이爲物不貳 : 그 마음性이 둘이 아니라는 것은, 인심人心과 도심道心을 두나 실상實相은 하나의 마음뿐이라는 뜻이다. 칠정七情으로 이루는 범부의 마음, 즉 인심人心의 실상實相이 환幻이다. 환幻은 본래 있지 아니한 것이므로 인심人心은 본래 없는 것이다. 인심人心이 환幻이라면 도심道心만이 오롯할 뿐이다. 그러므로 범부의 인심人心은 착식錯識으로 인하여 나타난 몽환夢幻인 것이다.

■ 생물불측生物不測 : 그 마음性이 일어나는 것을 헤아려 짐작할 수 없는 것은, 진심眞心이 모습 없이 무시상재無始常在하여 함이 없이 작용作用하기 때문이다. 中庸六目의 '神之來思는 不可測思이니 況可逆思아'와 中庸八目의 '不思而得'이 하나로 통한다. 실다이 이르면 내가 곧 진심眞心이며 도道이기 때문에 일용日用에 성性 아님이 없는 것이다. 문제는 범부가 환식幻識하는 칠정七情이다.

子曰 愚而好自用하며 賤而好自專이라 生乎今之世하여
자 왈 우 이 호 자 용 천 이 호 자 전 생 호 금 지 세

反古之道면 如此者는 災及其身者也니라 -中庸 28장
반 고 지 도 여 차 자 재 급 기 신 자 야

공자께서 말씀하셨다.
"어리석으면서 자기 견해見解를 쓰기 좋아하고, 천박淺薄하면서 마음대로 행동하는구나. 지금 세상의 사람이 옛 도道를 어기면, 이러한 자는 재앙災殃이 그 몸에 미치느니라."

某解

■ "어리석으면서 자시自是하여 주장하고, 천박淺薄하면서 오로지 자고自高하는구나! 지금 세상에 태어나 옛 성인聖人의 도道를 어기는 자는 재앙이 그 몸에 그득하니라."

■ 우이호자용愚而好自用 : 총명예지聰明叡智와 통찰력洞察力으로 신사명변愼思明辯하는 이는, 소사小師가 되어도 눌언소박訥言素朴하여 자시自是의 병病을 앓지 않으므로 허물이 적다. 그 밖의 인물은 술지말사術知末師라 자고천용自高淺用하여 어지러이 견해를 펼치는 것이다.

■ 천이호자전賤而好自專 : 이는 자대병自大病이 심甚한 자이다. 소리와 모습과 칠정사유七情思惟로써 문文과 철哲에 거처하면서, 분分을 넘어 도道의 내용에 운운云云하는 졸사卒士를 이른다. 어찌 천전賤專이라 하

지 않을 수 있겠는가?

■ 반고지도反古之道 : 반反은 '어기다'이다. 어떤 학자의 역譯에,

"옛 도를 회복하는 자는 재앙이 그 몸에 미친다."

이라 한다. 왜 그렇게 해석하는지 알 수 없다. 어떤 학파가 그렇게 한 것을 따르는 것 같다. 고도古道란 성인聖人의 도道이다. 집집마다 해석이 다른 것은 칠정七情을 진심眞心으로 여기고, 칠정七情을 섞어 굴려서 그 치우친 바가 다르기 때문이다. 세상의 병病은 다 칠정七情으로 지어진 것이다. 만약 칠정이 환幻임을 깨치면, 세상과 사람을 섬기는 하나의 도道로써 통할 것이다.

중용촬요 제13목

君子之道는 淡而不厭하며
군자지도 담이불염

簡而文하며 溫而理니라
간이문 온이리

-中庸 33장

군자君子의 도道는 담박淡泊하여 비었으며, 간명簡明하여 문채나며, 온고溫故하여 도리道理가 밝으니라.

某解

■ 불염不厭은 '비다'는 뜻, 고로 담이불염淡而不厭은 성性은 담연허무淡然虛無하다는 의미이다. 무엇이 허무虛無한가? 칠정七情이 비어 없는 까닭이다.

■ 간이문簡而文은 도道에 밝아지면 문文에 간명簡明하게 드러나는 것이다. 혹 '일一'이라, 혹 '성性'이라, 혹 '명덕明德'이라, 혹 '청정淸淨'이라, 혹 '성誠'이라, 혹 '무성무형無聲無形'이라 등의 말씀이 도道를 직해直解하여 간명簡明히 드러낸 것이다.

■ 온이리溫而理는 온고이명리溫故而明理 즉 본래故를 드러내어 성性의 이치에 밝다는 뜻이다. 온溫은 밝히다, 드러내다. 고故는 본래本來 이다. 다시 말해 온이리溫而理는 성性을 밝혀 도道의 이理를 잘 안다(明性而知理)는 뜻이다.

子曰 聲色之於以化民에 末也니라 -中庸 33장
자 왈 성색지어이화민 말야

공자께서 말씀하셨다.
"소리와 모습(빛깔)으로 범부凡夫를 교화敎化하는 것은 낮은 방도方道이다."

某解

■ 성색聲色이란 성性과 천도天道 밖에 소리와 모습과 비유 등의 가르침이다.

■ 범절凡節, 법도法度, 덕목德目, 잠언箴言 등이 성색聲色의 상격上格이다. 그 밖은 규범의 절목節目이다.

중용촬요 제15목

詩云 德輶如毛라 하니 毛猶有倫하나니
시운 덕유여모 모유유윤

上天之載는 無聲無臭아 至矣니라. -中庸 33장
상천지재 무성무취 지의

시경詩經에 이른다. "덕德의 가벼움이 터럭과 같다." 터럭은 오히려 비교할 만한 모습이 있다. "상천上天, 性은 소리 없고 모습 없다."라 해야 지극至極한 것이다.

(輶유 : 가볍다. 猶유 : 오히려. 倫윤 : 차이)

某解

■ 덕유여모德輶如毛 : 시경詩經의 말이 다 밝은 것이 아니다. 그러하기에 공자孔子께서 삼백을 가려 사무사思無邪라 하신 것이다. 덕유여모德輶如毛를 말한 자는 성性을 측지測知한 덕혜술지자德惠術知者이다. 그러므로 자사子思가 덕유여모德輶如毛라 함은 견처見處가 미혹迷惑에 머문 것이라고 지적한 것이다. 시삼백詩三百은 후厚하다. 시삼십詩三十이라 하면 박薄한 것일까?

■ 상천지재上天之載 : 상천上天이란 성性이다. 상천上天은 칠정七情의 그림자조차 없다. 어찌하여 그러한가? 본래本來 그러하다. 밝은이는 다만 본래本來 그러함에 합合한 자이다.

■ 무성무취無聲無臭 : 현성賢聖이 성性의 내용을 드러내 표현한 것이

다. 성性의 설명에 여러 가지 표현이 보인다. 무성무취無聲無臭, 무형무색無形無色, 마이불린磨而不磷, 날이불치捏而不緇, 분이불염焚而不炎, 욕이불습浴而不濕, 적연부동寂然不動, 무시무종無始無終, 무선무악無善無惡, 청정광명淸淨光明, 양지양능良知良能, 불가불손不加不損, 형색천성形色天性, 적이상조寂而常照, 지성불식至誠不息, 무위시중無爲時中 불행이지不行而至 등이다.

이는 모두 성性에 밝은이가 성性의 내용內容을 드러내 보인 말씀이다. 밝아진 견처見處따라 말한 곳이 있고, 성性의 대체大體를 드러냄이 주主이며, 배우는이의 의심을 풀어줌도 있다. 그 내용이 다 성性을 드러낸 것이라, 그 규揆는 하나요, 드밝은 가르침이다.

대학촬요
大學撮要

명성노정 明性路程 칠목 七目

대학촬요 제1목

大學之道는 在明明德하여 在親民하며
대학지도 재명명덕 재친민

在止於至善이니라
재지어지선

대학大學의 도道는 성性을 밝힘에 있으며, 범민凡民의 평등성平等性을 회복回復하며, 무위지선無爲至善에 이르름에 있다.

某解

■ 대학大學은 대인大人의 공부工夫이다. 대인은 군자君子를 추구하는 사람이다. 군자君子는 성性을 밝혀 무위無爲에 거처하며 필부匹夫를 밝은 길로 이끄는 스승이다. 인생人生의 근원根源에 대한 의문疑問이 대학공부大學工夫의 출발이 된다. 대인의 학學은 천天과 세상世上과 나我의 뿌리를 알아서, 그 도道를 나로부터 남에게 넓히는 것이다.

천하만민天下萬民에게 진심眞心의 도道를 넓혀서 모두가 참 평화平和, 참 평등平等, 참 사랑을 회복回復하여 천하만민天下萬民과 더불어 태평太平하게 참사람眞人의 인생人生을 살아가고자 하는 방도方道가 대학공부大學工夫인 것이다.

■ 명덕明德은 성性의 다른 이름이다. 대학촬요는 명덕明德을 성性이라 역譯한다. 성性을 밝히는 명성공부明性工夫가 공문정로孔門正路이다. 명덕明德은 성性의 내용에 대한 설명의 하나이다. 성性의 설명에 무형無形, 무성無聲, 무사無事, 무위無爲, 무위無位, 무명無名, 자명自明, 명덕明

德, 덕德, 무괴無壞 등등이 있다.

성性은 어떤 것인가? 하고 물었을 때, '사람의 성性은 밝은 덕明德이다.'라 답할 수 있는 것이다. 자사子思가 성性을 명덕明德이라 세운 이후에 성性의 다른 이름이 되었다. 그러나 성性을 성性이라 하는 것이 공자孔子의 성학性學에 번다함을 피할 수 있을 것이다.

자사子思가 중용中庸의 말구末句에 실은, 시경詩經의 구句 '予懷明德이 不大聲以色이니라'를 끌어 명덕明德이라한 것이다. 자사子思가 중용中庸 다음에 대학大學을 저술著述한 흔적痕迹이다. 자사子思가 대학大學에 성性을 명덕明德이라 하여 자견自見을 세웠으나, 성性은 성性이라 해야 바르다.

성性을 밝히는 명성공부明性工夫가 대인大人의 첫 목표目標이다. 명성明性 이후에 성공부誠工夫에 나아갈 수 있다. 명성明性에 힘쓰지 않는 자는 공문孔門의 참 선비라 할 수 없는 것이다.

■ 친민親民은 개오開悟 이후에 남에게 넓히는 도道이다. 모든 사람의 성性이 평등平等하나 범부가 망지妄知로써 이름뿐인 성인聖人과 범부凡夫를 가름하는 것이다. 범부의 습업習業따라 하는 일과 처지處地가 다르지나, 그 성性은 고하高下와 귀천貴賤에 속하지 아니한다. 그러므로 성인聖人이 범부의 본래 평등성平等性을 가르쳐 일깨워서 의젓하고 평등平等하고 태평太平한 삶을 누리게 하고자 도道를 설명하는 것이다. 범부凡夫가 성인聖人과 더불어 평등平等함을 전傳하여, 어깨를 나란히 하고자 함이 친민親民이다. 이러히 설명을 듣고도 공부하지 아니하는 자는 불이둔근不移鈍根이라 하겠다.

■ 지선至善이란 선악善惡 밖의 무명無名의 선善을 뜻하므로 지선至善이라 하는 것이다. 지선至善은 칠정七情의 선악善惡에 속하지 아니한다. 공자사상孔子思想의 본지本旨는 사무사思無邪 일이관지一以貫之에 있

다. 사무사思無邪란 생각에 칠정七情이 없다는 뜻이다. 이는 곧 마음에 칠정七情이 본래 없다는 뜻이다. 맹자孟子의 사단四端도 칠정七情이다. 그러므로 마음이 곧 성性이요, 성性은 칠정七情없는 마음인 것이다.

'성性으로 일이관지一以貫之함'이 공자사상孔子思想의 표문表文이다. 공부가 마음에 칠정七情이 없음을 확인確認한 경지境地가 지천명知天命이다. 지천명知天命의 경지는 성공부誠工夫의 입성入誠, 거성居誠, 성성惺誠, 지성至誠 중에 입성入誠에 해당한다.

지선至善은 명성明性하여 입성入誠에 들어야 그 미味를 약간 알 수 있는 것이다. 다시 말해 칠정七情없는 마음에 입문入門해야 지선至善을 침다히 느껴서 무위無爲를 행行하는 실에 설 수 있는 것이다.

대학지도大學之道는 드밝은 천문天門이다.

知止以后有定하고 定以后能靜하고 靜以后能安하고
지 지 이 후 유 정 　 정 이 후 능 정 　 정 이 후 능 안

安以后能慮하고 慮以后能得이니라.
안 이 후 능 려 　 려 이 후 능 득

성性을 밝혀 칠정七情이 그쳐야 함을 안 연후에 성공부誠工夫가 정定해지고, 성공부誠工夫가 정定해진 연후에 칠정七情이 고요함에 나아가고, 칠정七情이 고요함에 거닌 연후에 안온安穩해지고, 안온安穩해진 연후에 미세微細한 칠정七情을 쉬고, 미세微細한 칠정七情을 쉰 후에 지성至誠하여 성性을 온전히 하니라.

某解

■ 제이목第二目은 명성明性 이후의 성공부誠工夫 계위階位 내용을 설명한 것이다. 제일목第一目과 제이목第二目은 대학大學의 본지本旨요, 나머지는 대학大學의 주註라 하겠다. 대학大學의 본지本旨는 명성明性과 명성明性 이후에 닦아가야 하는 길을 열어 보인 것이다. 제일목第一目과 제이목第二目은 공자孔子의 말씀이다. 이는 자사子思가 전해 듣고 옮긴 것이다. 다만 성性을 명덕明德이라 함은 자사子思의 의견意見일 것이다.

■ 지지지知止地 : 도道를 밝힘이란 성性을 밝히는 것이요, 성性을 밝히면 칠정七情 없는 마음이 성性인 줄 알게 되는 것이다. 공자심학孔

子心學은 이러히 간명簡明하나 맹사盲師가 우용천전愚用淺專하여 어지러이 설명하는 것이다. 칠정七情 없는 마음이 곧 도심道心이며, 칠정七情은 착식錯識으로 빚은 환심幻心이다. 그러므로 칠정七情을 그쳐야 함을 알 수 있는 것이다. 칠정七情이 본래 없음을 확인確認하여 아는 경지境地가 지천명知天命이다.

지천명知天命 이후에 칠정七情이 없음을 아는 것이다. 지지知止를 '그쳐야 하는 줄 아는 것'라 함은 지천명知天命의 경지가 성공부誠工夫에 처음 드는 까닭이다.

지천명知天命 하였어도 다만 칠정이 환심幻心인 줄 알았을 뿐, 이전의 정습情習이 그대로 현전現前하므로 칠정七情의 숙습宿習을 그쳐야 하는 줄 아는 것이다. 성性과 정情의 내용을 확실히 알게 되었음이 지지지知止地의 명성공효明性功效이다.

대개 지지知止의 주註와 번역에 '그칠 데를 안다' '그침을 안다'라 한다. 이는 성性과 칠정七情의 내용을 알지 못하기 때문이다.

■ 정지定地 : 칠정七情이 착식錯識으로 빚은 환심幻心이었음을 확인確認하였으므로 칠정을 쉬는止 공부가 정定해진 것이다.

정定은 정지정定止情인 것이다. 정지定地의 공부를 노자老子는 손지우손損之又損이라 한다. 이는 이순耳順의 경지에 든 것이다.

■ 정지靜地 : 정지정定止情 즉 '칠정 쉬기'를 오래하면 고요해진다. 거친 칠정(粗七情)의 환심幻心이 쉬기 때문이다. 이순耳順의 경지이다. 맹자孟子가 만년晩年에 이른 경지이다.

■ 안지安地 : 미세微細한 중의 거친 칠정(細中粗七情)의 환심幻心이 쉬는 경지이다. 이순耳順의 경지이다. 안심입명지安心立命地로써 안회顔回가 이른 경지이다.

■ 득지得地 : 드문드문 칠정七情이 일어나도 방해롭지 아니한 종심從心의 경지이다. 종심從心은 종성從性의 뜻이다. 성인聖人의 경지로써 공자 만년의 경지이다.

■ 대학大學은 경공부敬工夫가 익어, 때때로 성誠의 경지에 드는 이가 나아갈 바를 배우는 것이다. 그 배움으로 병통病痛이 적게 되는 것이다. 대학大學은 공부 길을 견문見聞하여, 홀로 가는 뒷사람을 바르게 하려는, 공자의 지극한 배려配慮이다.

대학촬요 제3목

物有本末하고 事有終始하나니
물 유 본 말 　 사 유 종 시

知所先後면 則近道矣니라
지 소 선 후 　 즉 근 도 의

마음(物)에는 본本(道心)과 말末(人心)이 있고, 명성공부明性工夫에는 시작과 끝이 있다. 공부工夫에 먼저하고 뒤에 할 것을 알면 도道에 가까우니라.

某解

■ 물유본말物有本末 :

* 물物은 마음이니 곧 성性이다.

* 본本은 본원本源이니 도심道心이요, 말末은 범부의 변견邊見이니 인심人心을 가리킨다. 도심道心은 성性이요, 인심人心은 칠정七情이다.

* 선유先儒의 병설病說에 본말本末을 체용體用으로 해석함이 보인다. 도심道心과 인심人心은 체용體用의 관계가 아니다. 도심道心은 실상實像이요, 인심人心은 허상虛像이다.

* 어떤 이는 공자께서 '일음일양지위도一陰一陽之謂道'라 하여 마음에 체용體用이 있다고 하였다라고 한다. '일음일양지위도一陰一陽之謂道'란 '마음이 정靜할 때를 체體라 하고, 마음이 동動할 때를 용用이라 한다.'라 한 것이지, 마음에 체용體用이 있다고 한 것이 아니다. 어떤 사람이 서울에 있을 때는 서울사람이라 부르고, 시골에 있을 때는 시골

사람이라 부르는 것과 같다.

공자께서 다시 '적연부동이감통천하寂然不動而感通天下'라 함은 마음은 성性 하나일 뿐이라는 말씀이다. 마음은 동정動靜간에 항상히 적연부동寂然不動인 것이다. 정이程頤와 주희朱熹의 억견臆見을 뒷 선비가 맹종盲從하여 공문孔門을 흐리게 한 것이다.

■ 사유종시事有終始 : 명성공부明性工夫를 사事라 한다. 공부工夫에는 시작과 끝이 있는 것이다.

■ 지소선후知所先後 : 처음공부와 나중공부를 밝히 알아야 한다. 처음에는 경공부敬工夫, 개오開悟 이후에는 성공부誠工夫에 익어야 한다.

■ 즉근도의則近道矣 : 인심人心과 도심道心의 내용을 알고, 도심道心을 밝히는 공부에 입지立志하여, 경敬과 성誠의 요묘要妙를 자세히 배우고, 경공부敬工夫에 나아가 익으면, 도道가 가까이 있는 것이다.

欲修其身者는 先正其心하고
욕 수 기 신 자 　 선 정 기 심

欲正其心者는 先誠其意하고
욕 정 기 심 자 　 선 성 기 의

欲誠其意者는 先致其知하니 致知는 在格物이니라
욕 성 기 의 자 　 선 치 기 지 　 치 지 　 재 격 물

自天子로 以至於庶人이 壹是皆以修身爲本이니라.
자 천 자 　 이 지 어 서 인 　 일 시 개 이 수 신 위 본

수신修身하고자 하는 자는 먼저 정심正心하여야 하고, 정심正心하고자 하는 자는 먼저 성의誠意해야 하며, 성의誠意하고자 하는 자는 먼저 치지致知해야 하나니, 치지致知는 격물格物에 있느니라. 천자天子로부터 범부凡夫에 이르기까지 모두가 하나같이 수신修身이 근본根本이니라.

某解

■ 수신修身, 정심正心의 뜻으로 푼다.

"자기自己를 닦고자 하는 자는 먼저 그 마음道心을 밝혀 바르게 하고, 그 마음道心을 밝혀 바르고자 하는 자는 먼저 성의誠意해야 하고, 성의誠意하고자 하는 자는 먼저 치지致知해야 하나니, 치지致知는 격물格物에 있느니라."

■ 수신修身 : 수신修身이란 수심修心 즉 성性을 밝히는 것이다. 수심修心의 요要는 격물格物이다. 격물格物의 내용을 밝히면 공자의 불혹不惑

이다. 불혹이란 성性을 밝혀 칠정七情에 불혹不惑하는 것이다.

■ 정심正心 : 마음을 바르게 한다는 것은 성性을 밝혀 칠정七情에 속지 않는 것이다.

■ 성의誠意 : 성誠은 성惺이요, 의意는 생각이다. 성誠은 생각에 칠정七情이 없이 깨어 있는 것이다. 그러므로 성의誠意는 생각하되 생각에 칠정七情이 없는 것이다.

칠정七情 없이 생각할 수 있는가? 이 문제問題가 범부凡夫의 오랜 숙제宿題이다. 공자께서 사무사思無邪라 하심이 생각하되 생각에 칠정七情이 없다는 뜻인 줄 알면 불혹不惑이요, 그 경지境地를 확인確認하면 지천명知天命이다. 고로 수사선도 守死善道하여 경공부敬工夫에 노력해야 되는 것이다.

■ 치지致知 : 치致는 이루다, 지知는 정지正智이다. 치지致知는 바른 지혜를 이룬다는 뜻이다.

■ 격물格物 : 격格은 바로 잡다. 물物은 칠정七情이다. 격물格物은 칠정七情의 내용을 바르게 안다는 뜻이다. 칠정七情이 환심幻心인줄 알면 성性이 드러나고, 성性이 드러나면 칠정은 없다. 마치 새벽이 오면 어둠이 걷히는 것과 같다. 범부가 칠정七情으로 인생人生을 꾸리나 칠정七情의 내용은 환幻이다. 그러므로 칠정七情으로 지은 습식習識과 지식知識은 환심幻心인 것이다.

■ 격물치지格物致知란 성性을 밝혀 칠정七情의 내용을 바르게 알아서, 바른 지혜智慧를 이룬다는 뜻이다.

■ 방가方家의 설說에 성誠은 성실함, 의意는 마음의 발發하는 바, 치致는 미루어 지극히 함, 격格은 이르름, 물物은 사事 혹은 사물事物……

로 풀이한다. 이것은 칠정七情으로 사유思惟하여 추측推測한 말이다.

이러한 견해로 중용中庸의 성즉명 명즉성誠則明 明則誠 즉 성誠하면 밝아지고, 밝으면 성誠한다는 도리道理의 이해는 불가不可하다. 성性은 발發하거나, 이르거나, 물物에 사무쳐 사유思惟함이 필요하지 아니하다. 다만 성誠하지 못한 까닭에 칠정七情으로 사유思惟하여 추측推測으로 이러니저러니 하는 자는 불이둔근不移鈍根이다.

■ 치지致知와 격물格物은 둘이 아니다. 성性을 바르게 알면 칠정七情은 없는 것이다.

■ 촬요撮要가 국치國治와 가재家齊를 논하지 않는 것은, 도道는 자기自己가 밝아짐으로부터 남에게 넓혀지는 것이나, 도道가 밝혀져도 반드시 집안이 따르는 것이 아니요, 나라가 도道를 밝힌 이에게 맡겨지는 일이 드물기 때문이다.

예부터 도道에 밝은이는 물러나, 불언不言하며, 그 시절과 그 사람을 기다리는 것이다.

■ 공부에 나아가는 차례는 물격物格, 치지致知, 의성意誠, 심정心正, 수신修身이다. 물격物格은 칠정七情이 환심幻心임을 아는 것이요, 치지致知는 바른 지혜智慧를 이루는 것이요, 의성意誠은 생각하되 생각에 칠정七情이 없는 것이요, 심정心正이란 성性을 밝혀 칠정七情에 속지 않으므로 마음이 바르다고 하는 것이요, 신수身修란 성性을 밝혀 어둡지 않은 것이다.

■ '천자로부터 범부에 이르기까지 모두가 하나같이 수신修身이 근본이니라.(自天子로 以至於庶人이 壹是皆以修身爲本이니라.)' 한 것은 모든 사람이 본래 평등자명平等自明하기 때문이다. 그러므로 친민親民이란 범부凡夫의 본래本來를 가리켜 합合하게 하는 것이다.

康誥曰 克明德이라 하며 太甲曰 顧諟天之明命이라 하며
강 고 왈 극 명 덕 태 갑 왈 고 시 천 지 명 명

帝典曰 克明峻德이라 하니 皆自明也니라.
제 전 왈 극 명 준 덕 개 자 명 야

강고康誥에 이르기를 "능히 덕德을 밝힌다." 하였으며, 태갑太甲에 이르기를 "밝은 천명天命을 살펴 마음에 새긴다." 하였으며, 제전帝典에 이르기를 "능히 높은 덕德을 밝힌다." 하였나니, 모두 스스로 밝히는 것이다.

某解

■ 강고康誥는 주서周書이다. 극克은 능能하다, 덕德은 성性이다.

■ 태갑太甲은 상서商書이니 은銀나라 책册이다. 고顧는 마음에 새기다. 시諟는 살피다. 고시顧諟는 살펴 마음에 새기다-이니, 성性을 밝혀 보존保存한다는 뜻이다.

■ 제전帝典은 요전堯典이다. 준峻은 높다. 준덕峻德은 높은 덕德이다. 높은 덕德이라 함은, 밝은 덕德이 드높은 경지이므로 높은 덕德이라 한 것이다.

■ 개자명야皆自明也 : 성性은 스스로 밝혀야 하는 것이다. 현성賢聖이 도道를 가리켜 보이면, 대인大人은 좇아 노력하여 자기自己의 성性을 밝히는 것이다. 강고康誥에 "능히 덕德을 밝힌다." 함은 스스로의 노

력을 강조한 것이요, 태갑太甲에 "밝은 천명天命을 살펴 마음에 새긴다." 함은 스스로 밝혀 스스로 지킴을 이른 것이요, 제전帝典에 "능히 높은 덕德을 밝힌다." 함은 대인大人이 올곧게 도道에 나아감을 말하는 것이다.

명성공부明性工夫는 스스로 뜻을 세우고, 스스로 경敬에 들어, 스스로 성誠하여 밝아지는 것이다. 자사子思가 옛사람의 밝은 말씀을 빌려 성性과 명성明性을 설명한 것이다.

湯之盤銘曰 苟日新이어든 日日新하고 又日新이라 하며
탕 지 반 명 왈 구 일 신 일 일 신 우 일 신

康誥曰 作新民이라 하며 詩曰 周雖舊邦이나
강 고 왈 작 신 민 시 왈 주 수 구 방

其命維新이라 하니 是故로 君子는 無所不用其極이니라
기 명 유 신 시 고 군 자 무 소 불 용 기 극

탕왕湯王의 반명盤銘에 이르기를 "진실로 어느 날 성性을 밝혀 새로워지면 나날이 새롭게 하고, 또한 나날이 새롭게 하라!"고 하였으며, 강고康誥에 이르기를 "민民에게 도道를 가르쳐 새롭게 한다."고 하였으며, 시경詩經에 이르기를 "주周나라가 비록 옛 나라이나 그 천명天命을 새롭게 하였다."라 하였다. 이러하므로 군자君子는 그 지극至極한 공부工夫를 쓰지 않는 바가 없느니라.

某解

■ 반명盤銘은 세숫대야에 새긴 명구銘句이다. 일신우일신日新又日新은 성性을 밝힌 연후의 성공부誠工夫이다. 나날이 성성惺惺하고 또 성성惺惺하고자 하는 것이다. 칠정七情을 쉬는 공부가 성誠이다. 성誠하면 성성惺惺에 나아간다.

■ 작신민作新民 : 작作은 가르치는 것이다. 민民에게 도道를 가르쳐 새롭게 하고자 함이 작신민作新民이다.

■ 주周의 문왕文王은 성性을 밝힌 대현大賢이다. 문왕文王이 먼저 새롭게 되고, 민民을 새롭게 하고자 하였으므로 '기명유신其命維新'이라 한 것이다. 여기서 '새롭다'는 것은 성性을 밝혔다는 뜻이다.

■ 극極은 지극至極한 공부工夫이다. 무소불용기극無所不用其極은 군자君子가 성誠하여 일용日用에 미치지 않는 바가 없는 것을 이른다. 중용中庸에 '道也者 不可須臾離也 可離非道也'라 함과 통한다.

■ 일일신우일신日日新又日新, 작신민作新民, 주수구방 기명유신周雖舊邦其命維新 모두가 명성明性하여 지성至誠을 향向하는 공부 가운데, 스스로의 공부와 민民에게 베풀어 더불어 공부함을 말한 것이다.

誠其意者는 **毋自詐也**니라
성 기 의 자　무 자 사 야

의意가 성誠하는 자는 칠정七情에 스스로 속음이 없느니라.

某解

■ 의意란 칠정七情 없는 의意이다. 무毋는 무無이다.

■ 무자사야毋自詐也는 스스로의 칠정七情에 속지 않아야 한다는 뜻이다. 만약 '스스로 속이지 마는 것' '스스로 속이지 아니 하는 것' 등으로 풀이하면 다른 뜻이 된다. 만약 흉중에 칠정이 있으면 칠정에 속은 것이요, 칠정이 없으면 속지 않는 것이다.

■ 명성明星이후에야 참 공부에 나아가는 것이다. 입성入誠하여도 온전히 칠정七情이 쉬지 않았기에, 군자君子의 위位에 나아갔더라도 지성至誠에 이를 때까지 공부를 게을리 해서는 아니 되는 것이다.

계사찰요
繫辭撮要

십목 十目

繫辭文言撮要序

계사문언촬요서

역易은 점서占書이다. 상고上古에 선성先聖이 나라와 백성의 안녕安寧을 생각하여 점占을 쳤다. 선성先聖이 기후, 전쟁, 질병 등을 선지先知하여 백성을 재난災難으로부터 보호하고자 하는 수단이었다. 선성先聖은 사사로운 선지先知를 위해 점을 치지 않았으나 후대에 와서 역易이 천박淺薄한 점술占術의 하나로 자리매김하게 된 것이다.

공자孔子께서 선성先聖의 본지本旨를 꿰고 역易의 정지正旨를 세워 계사繫辭와 문언文言을 지은 것이다. 공자의 유일한 저술著述이라 전傳한다.

공자께서 계사繫辭와 문언文言에 사람의 근원根源을 드러내고, 그 근원에 나아가는 도리道理를 간명직절簡明直切하게 설명하였으므로 역易의 대의大義가 올곧게 드러난 책이다.

예부터 상대인上大人이 아니면 계사繫辭와 문언文言을 꿰어 알 수 없다고 하였다. 무사無思, 정위情僞, 무위無爲, 적연부동寂然不動, 경이직내敬以直內, 의이방외義以方外, 개물성무開物成務 등의 해석이 어려운 까닭이라 하겠다.

우愚가 계사촬요십목繫辭撮要十目과 문언촬요구목文言撮要九目을 광편狂編한 것은 비록 범부凡夫의 처지處地이나 공자孔子의 뜻을 탐구探

究하여 그 뜻에 곧바로 합合하여 도道를 밝히고자 하는 취지趣旨이다. 다만 그러하다. 뒷사람의 고언苦言을 기다린다.

三碧峙病老.

無方無體章
무방무체장

天尊地卑하니 乾坤이 定矣요 卑高以陳하니
천존지비 건곤 정의 비고이진

貴賤이 位矣요 動靜有常하니 剛柔斷矣요
귀천 위의 동정유상 강유단의

方以類聚하고 物以群分하니 吉凶生矣요
방이류취 물이군분 길흉생의

在天成象하고 在地成形하니 變化가 見矣라.
재천성상 재지성형 변화 현의

하늘은 높고 땅은 낮으니 건괘乾卦와 곤괘坤卦가 정해지고, 낮은 것과 높은 것이 베풀어지니 귀貴한 것과 천賤한 것이 자리 잡히고, 움직이는 것(動)과 고요한 것(靜)이 있어 강强한 것과 유柔한 것이 판단되고, 방소方所로서 동류同類를 모으고 사상思想으로 무리를 갈라놓아 좋은 것과 나쁜 것이 생기나니, 천天, 性이 현상現象을 이루고, 지地에 형상形象을 이루는 변화變化가 나타나는 것이다.

某解

성性은 높고 정情은 낮으니 성인聖人과 범부凡夫가 정定해지고, 드밝은 도道와 속정俗情의 형례形禮와 윤리倫理가 베풀어지니, 귀貴하고

천賤함이 갈라지고, 동정動靜을 두어 강유剛柔를 판단하고, 이런저런 사상思想으로써 동류同類를 모으는 것이다. 사상思想으로 무리를 갈라 놓아 길吉과 흉凶이 생기는 것은 성性이 정情에 가려져 범부의 견해見解가 여러 가지로 나타나기 때문이다.

碧註

■ 천존지비天尊地卑 : 천天은 성性이요, 비卑는 정情이니 곧 칠정七情을 가리킨다. 여기서 칠정七情이란 범부凡夫의 마음이다.

■ 귀천貴賤 : 귀貴는 성性, 천賤은 칠정七情을 가리킨다.

■ 동정강유動靜剛柔 : 범부凡夫가 동정動靜을 두므로 강유剛柔가 있는 것이나, 동정動靜이 일물一物임을 밝히 알면, 강유剛柔가 일물一物의 이理를 따라 단멸斷滅하는 것이다.

■ 유취군분類聚群分 : 칠정七情의 취미趣味따라 군생群生이 유類를 이루고, 갈래 따라 군생群生이 분分을 달리하는 것이다.

■ 길흉吉凶 : 군생群生의 행업行業따라 길흉吉凶이 생기는 것이다. 칠정七情의 행업行業이 정위情僞의 몽환夢幻임을 깨치면, 몽환夢幻의 길흉吉凶은 사라진다. 길흉吉凶이 사라지면 상락常樂이 펼쳐지는 것이다.

상락常樂의 내용은 본연本然이며 무위無爲이다. 무위無爲는 칠정七情이 없는 마음으로 행行함이다. 정위情僞의 몽환夢幻에 대한 설명은 7장 서부진언장書不盡言章에 자세하다.

範圍天地之化而不過하며 曲成萬物而不遺하며
범위천지지화이불과 곡성만물이불유

通乎晝夜之道而知라. 故로 神无方而易无體하니라.
통호주야지도이지 고 신무방이역무체

천지天地의 조화造化를 범위範圍로 하여 둘러싸도 허물되지 않고, 만물萬物을 곡진曲盡하여도 남김이 없으며, 주야晝夜의 도道를 통하여 안다. 그러므로 신神, 性은 방소方所가 없고, 역易, 道은 모습이 없다.

某解

성性은 천지天地의 조화造化가 둘러싸도 방해롭지 아니하고, 만물萬物에 나아가도 허물되지 아니한다. 성性은 주야晝夜에 밝으며, 그 신령神靈함에 방위方位가 없고, 그 체體는 모습이 없다.

碧註

■ 불과불유不過不遺 : 성性의 도道는 불변不變이다. 천지天地가 뒤바뀌고 만물萬物이 생生하고 멸滅하여도 불과불유不過不遺하나니, 만유萬有가 성性 가운데 환생환멸幻生幻滅하는 까닭이다.

■ 신神 : 성性의 다른 이름이다. 성性은 진심眞心이다. 성性의 다른 이름은 귀신鬼神, 명덕明德, 도심道心, 심성心性 등이다. 성인聖人이 성性을 설명하는 때에 따라 알맞은 이름으로 부른 까닭에 여러 가지 이름이 나타난 것이다.

■ 주야지도晝夜之道 : 성性은 무시무종無始無終으로 불가불손不可不損이

요, 무성무취無聲無臭요, 무형무색無形無色이요, 무사무위無思無爲이다. 그러므로 공부자孔夫子께서 성性은 주야晝夜에 모습 없이 성성惺惺하여 무위無爲하다고 하는 것이다.

■ 무방무체无方无體 : 무无는 무無이다. 고로 무방무체無方無體라 고쳐 적는다. 성性은 육합六合 즉 시방十方에 속하지 아니하므로 무방無方이라 하는 것이다. 성性은 무형無形인 까닭에 무체無體라 한다. 무체無體란 성性의 실상實相이 없다는 뜻이 아니다. 성性이 모습이 없다는 의미이다.

성性은 모습이 없는 까닭으로 성인聖人이 온갖 방법方法을 두어 설명하시나 범부의 정습지식情習知識의 집착執着이 깊어, 범부凡夫가 스스로 알아듣지 못하는 것이다. 성인聖人의 설명방법說明方法은 직설直說과 비유譬喩이다. 직설直說은 무성무취無聲無臭, 무사무위無事無爲, 적연부동寂然不動, 불현이장不見而章, 불면이중不勉而中, 무위이성無爲而成, 무위이치無爲而治 등이요, 비유譬喩는 적아赤兒, 허공虛空, 거울鏡, 물水, 곡신谷神 등이다.

■ 계사繫辭란 설괘設卦의 설명說明을 두어 불변不變의 이理를 정定하여 성인聖人이 다시 출현出現하여도 고칠 수 없는 도道를 보인 것이다.

一陰一陽章
일음일양장

一陰一陽之謂道니 **繼之者**는 **善也**요
일음일양지위도 계지자 선야

成之者는 **性也**니라
성지자 성야

(性이) 한때 음陰이 되고, 한때 양陽이 되는 것을 일러 도道라 한다. 이를 무간無間으로 계속繼續하는 것을 선善이라 하며, (無爲泰然히) 동정動靜을 이루는 체體를 성性이라 한다.

某解

성性, 眞心이 적연부동寂然不動으로 보고 듣고 말하고 거닒을 도道라 한다. 보고 듣고 말하고 거닐 때, 칠정七情이 나지 않음을 선善이라 하고, 이러히 적연부동寂然不動으로 만사萬事를 이루는 체體를 성性, 眞心이라 한다.

碧註

■ 성性이 적연부동寂然不動으로 보고 듣고 말하고 거니는 작용作用을 도道라 한다. 그 작용에 칠정七情이 없는 경지境地를 지선至善이라 하

고, 이러히 적연부동寂然不動으로 만사萬事에 작용하는 주인主人이 진아眞我요, 진심眞心이요, 진성眞性이다. 진성眞性으로 소요逍遙하는 것을 도道라 한다. 이 밖에 다른 도道는 없다.

■ 진성眞性을 철견徹見해야 진성眞性과 칠정七情의 정체正體를 적확的確히 알 수 있다. 진성眞性을 밝히는 공부방법이 경敬이다.

■ 일음일양론一陰一陽論 : 성性의 체용體用을 가리키는 설명說明이다. 범부凡夫의 견해見解에는 성性에 동정動靜이 있다. 범부는 마음性이 고요할 때와 작용할 때가 있다고 이해하기 때문이다. 그런 까닭에 공자孔子께서 정靜을 성性의 체體라, 동動을 성性의 용用이라, 이름 붙여 성性을 설명하는 방법이 일음일양론一陰一陽論이다.

근본根本을 이르자면 성性은 적연부동寂然不動이라 동정動靜을 짓되 동정動靜에 속하지 않으며, 비록 체용體用의 설명說明을 두나 체용體用이 없는 것이다. 그러므로 일음일양론一陰一陽論은 체용불이론體用不異論일 따름이다.

■ 계繼 : 일음일양一陰一陽을 무간無間으로 이루는 것을 계繼라 한다. 성性은 본래로 무정無情 즉 칠정七情 없이 일음일양一陰一陽의 동정動靜을 이루는 것이다. 범부가 스스로 칠정七情에 실낙失落하여 양물兩物을 낳아 어두우므로 유간有間을 짓는 것이다.

■ 선善 : 범부凡夫는 칠정七情으로 자신의 마음으로 삼아 인생人生을 꾸려가므로 성性과 칠정七情을 별물別物로 이해한다. 범부가 성性의 동動과 정靜을 다른 물건으로 인식認識하는 까닭에, 성인聖人이 일음일양一陰一陽의 논리論理를 세워 '본래 하나' 임을 설명說明하는 것이다. 공자孔子 이전에 이미 음양陰陽의 이론理論이 있었기에 음양론陰陽論으로 설명한 것이다.

■ 성成 : 성成은 '이룬다'는 뜻이다. 부득이 이룬다고 하였으나 '이룬다' 가 성性의 본연本然에 꼭 맞는 말이 아니다. 성性은 만사萬事를 이루나 궁극窮極은 '이루는 바'와 '이룬 바'가 없기 때문이다. 이것은 성性의 '무사무위無思無爲 도리道理'를 알게 되면 명쾌明快하게 통通할 것이다.

■ 성性 : 공부자孔夫子께서는 오직 성性을 설명說明하여 세상을 밝히는 해와 달 같은 인물을 양성養成하고자 하는 것이다.

■ 노자老子는 성性을 유물혼성有物混成이라 하고, 비유하여 곡신谷神이라 한다. 성性은 모습 없이 신령神靈하여, 불측不測이며 무위자연無爲自然이기 때문이다.

仁者見之에 謂之仁하며 知者見之에 謂之知요 百姓은
인자견지 위지인 지자견지 위지지 백성

日用而不知라 故로 君子之道鮮矣니라.
일용이불지 고 군자지도선의

인자仁者는 성性으로 봄見에 '인仁'이라 하고, 지자知者는 성性으로 봄見에 '성性을 안다'라 한다. 범부凡夫는 날마다 성性을 오롯이 쓰면서도 알지 못한다. 그러므로 군자君子의 도道를 아는 이가 드문 것이다.

某解

인仁한 이는 무위無爲의 인仁에 거처하므로 동용주선動容周旋에 성性이 인仁으로 나타나고, 지자知者는 다만 성性을 아는데 그치므로 유위有爲에 머문다. 지자知者는 동용주선動容周旋의 주인主人이 성性인 것을 다만 안다고 한다. 범부凡夫는 일용日用에 성性으로 행行하면서도 성性을 알지 못하는 것이다. 그런 까닭에 군자君子의 도道를 아는 이가 드물다고 하는 것이다.

碧註

■ 인자仁者 : 상지군자上智君子를 이른다. 상지군자上智君子는 명성明性 즉 성性을 밝힌 개오開悟 이상以上의 경지境地이다. 명성明性은 명명덕明明德과 같은 뜻이며 논어論語에서는 지천명知天命이라 부른다. 공자孔子께서 오십 세에 이른 경지境地이다.

■ 지자知者 : 불혹군자不惑君子를 이른다. 성性과 칠정七情을 잘 분별分別하여 칠정七情에 불혹不惑하므로 불혹군자不惑君子라 한다. 공자孔子께서 사십 세에 이른 경지境地이다.

■ 백성일용이부지百姓日用而不知 : 범부가 성性을 자지자족自持自足하여 날마다 쓰고 있으나 스스로 알지 못한다는 뜻이다. 범부가 스스로 성性을 알지 못해 명성공부明性工夫에 나아가지 못하므로, 성인聖人이 출현出現하시어 공부해야하는 까닭과 경지境地와 공부방법工夫方法을 설명說明하시는 것이다.

李石谷의 三傳門人 黃友素 교수는 '百姓日用而不知'를 '백성百姓은 일용日用하나 몰라도 된다'고 해석한다. 지금 세상의 많은 학자學者들이 범부는 그릇이 정해져서 노력해도 도道를 얻을 수 없다고 하면서, 정습情習이 마음이 아니면 무엇이 마음인가?라 하고, 공자孔子의 명성明性은 옛날이야기라 한다. 공자孔子께서 '군자君子의 도道가 드무니라' 하신 까닭이 여기에 있는 것이다.

顯諸仁하며 藏諸用하야 鼓萬物而不與聖人同憂하나니
현저인 장저용 고만물이불여성인동우

盛德大生生之謂易이요 成象之謂乾이요 效法之謂坤
성덕대생생지위역 성상지위건 효법지위곤

이니라

(上智君子의 道는) 모든 인仁이 드러나며 일용日用에 온전히 갖추어져 만물에 무심無心하되, 성인聖人과 더불어 근심이 없다(不憂). 성덕盛德의 위대한 베풂이 지극한 도道인 것이다. 인仁의 밝음을 건乾이라 하며, 인仁을 본받음을 곤坤이라 한다.

某解

동용주선動容周旋 마다에 인仁이 드러나 온전히 인仁이 갖추어져 만사萬事에 무심無心하면 성인聖人과 더불어 근심이 없는 것이다. 이를 성性의 덕德이 지극至極한 것이라 한다. 본연本然의 인仁을 건乾이라 하고, 본연本然의 인仁을 본받음을 곤坤이라 한다.

碧註

■ 고만물이불우鼓萬物而不憂 : 만물萬物에 고무하되 무사無思하므로 칠정七情이 없는 까닭에 불우不憂이다. 그러므로 군자君子는 불우불구不憂不懼한 것이다. 무사無思란 생각하되 칠정七情이 없이 생각한다는 뜻이다. 칠정이 없으므로 불우不憂인 것이다. 칠정七情이 없이 생각할 줄 알아야 도道를 안다고 할 수 있다.

知崇禮卑章
지숭예비장

子曰 易其至矣乎인저
자왈 역기지의호

夫易은 聖人所以崇德而廣業也니
부역 성인소이숭덕이광업야

知는 崇하고 禮는 卑하니 崇은 效天하고 卑는 法地하니라
지 숭 례 비 숭 효천 비 법지

공자孔子께서 이르신다.
"역易, 道의 그 지극함이여! 역易, 道은 성인聖人이 덕德을 숭상崇尙하여 무위無爲의 업業을 넓힌 바이다. 지혜智慧를 높이 하고 예禮는 낮추는 것이다. 높이는 것은 성性, 眞心을 본받는 것이요, 낮추는 것은 인仁의 겉모습(形)을 본받는 까닭이다."

某解

공부자孔夫子께서 이른다. "도道의 지극함이여! 성인聖人의 도道는 덕德을 우러러 적연무위寂然無爲의 교敎를 넓힌 것이다. 모름지기 지혜智慧는 높고 형례形禮는 낮은 것이다. 높은 것은 인仁에 바탕한 까닭이요, 낮은 것은 인仁의 작용作用의 겉모습形禮을 따르기 때문이다."

碧註

■ 숭덕광업崇德廣業 : 역易은 성인聖人이 성덕性德을 숭상崇尙하여 무위無爲의 업業을 넓힌 것이다.

■ 지숭예비知崇禮卑 : 지혜智慧를 높이고 예禮는 낮추는 것이다. 성性을 밝혀 적연부동寂然不動의 본연本然의 지혜智慧를 써야 고향故鄕에 돌아온 것이다. 예禮란 윤리倫理와 범절凡節의 모습을 본받는 것이다. 그러므로 예禮를 높이는 자는 소인小人이요, 지智를 밝히는 자는 대인大人이다.

寂然不動章
적연부동장

易은 无思也하며 无爲也하여 寂然不動으로
역 무사야 무위야 적연불동

感而遂通天下之故하나니
감이수통천하지고

非天下之至神이면 其孰能與於此리요
비천하지지신 기숙능여어차

역易은 (생각하되) 칠정七情의 생각이 없으며, 함이 없이(無爲) 고요하여 움직이지 않으면서(寂然不動) 오롯이 천하의 일에 통한다(感通天下). 천하天下의 지극至極히 신령神靈함이 아니면 그 누가 여기에 참여參與할 수 있겠는가?

某解

성性의 본연本然은 칠정七情 없이 생각하며, 칠정七情의 함이 없으며, 항상恒常히 적연부동寂然不動으로써 천하天下의 만사萬事에 응應하는 것이다. 천하에 지극히 신령神靈하여 무사무위無思無爲의 위位에 오른 이가 아니면 누가 이 경지境地에 참여參與하겠는가?

碧註

■ 역易은 무사無思 즉 무심無心하므로 무위無爲한 것이다. 무심無心으로 적연부동寂然不動함으로써 천하天下에 통通함을 도道라 한다. 천하에 지극至極이 무심無心한 이가 아니면 누가 이러할 수 있겠는가? 여기서 무심無心이란 무심無心이란 마음이 있다는 뜻이 아니다. 칠정七情을 여읜 마음을 무심無心이라 한다.

■ 배우는 이가 성性의 내용內容과 명성공부明性工夫의 방법方法에 대해 바르게 이해하지 못하면 오랜 세월을 노력해도 헛수고가 되는 것이다.

■ 공부방법은 경敬과 성誠 이다. 경敬의 핵심核心은 반지反之이다. 경敬은 개오開悟 이전以前의 공부방법工夫方法이요, 성誠은 개오開悟 이후以後의 공부방법工夫方法이다.

■ 공부내용에 순서順序를 두면 대저 일곱의 위位가 된다. 망세忘世, 사무념思無念, 입경立敬, 반지反之, 입성入誠, 거성居誠, 지성至誠 이다. 입경반지立敬反之는 경이직내敬以直內와 통하고, 입성入誠은 의이방외義以方外와 통한다.

■ 변變이란 동용주선動容周旋의 동정動靜에 의한 작용을 가리킨다. 동용주선動容周旋의 변화變化 가운데 불변不變을 보는 것이 변화變化를 아는 것이다.

不行而至章
불행이지장

夫易은 聖人之所以極深而研幾也니 唯深也
부 역 성 인 지 소 이 극 심 이 연 기 야 유 심 야

故로 能通天下之志하며 唯幾也
고 능 통 천 하 지 지 유 기 야

故로 能成天下之務하며 唯神也
고 능 성 천 하 지 무 유 신 야

故로 不疾而速하며 不行而至니라
고 부 질 이 속 불 행 이 지

대저 역易은 성인聖人이 마음眞心의 은미隱微함을 지극至極히 깊이 살피고 성性의 기미機微에 통달通達하지 않음이 없는 바이다. 오직 깊기 때문에 천하 사람의 뜻에 통通하며, 오직 기미幾微를 통달通達하기에 천하天下의 일에 이르고, 오직 신령神靈하기 때문에 칠정七情의 병病이 없으므로 속速하고, 가지 않고도 이른다.

某解

역易은 성인聖人이 진심眞心의 은미隱微함과 탁연卓然한 기미機微에 통달通達하여 가르침을 드러낸 책이다. 지극히 깊기에 천하의 뜻에

통通하며, 본연本然의 기미幾微에 통달通達하였기에 함이 없이 천하사天下事를 이루고, 오직 신령神靈하기에 칠정七情에 머무는 병病이 없어 속速하고, 가지 않고도 이르는 것이다.

碧註

■ 유심唯深 :성性은 무성무취無聲無臭하므로 깊다고 하는 것이다.

■ 유기唯幾 : 성性은 무형무색無形無色이므로 오직 그 기미幾微로써 아는 것이다.

■ 유신唯神 : 성性은 무성무취無聲無臭하며 무형무색無形無色하며 혼지불탁混之不濁하며 명지불명明之不明하며 청정광명淸淨光明하므로 신령神靈하다고 하는 것이다.

■ 부질이속不疾而速 : 성性에는 본래 칠정七情이 없으므로 부질不疾이라 하며, 부질不疾고로 칠정七情에 머물지 않아 속速하다고 하는 것이다.

■ 불행이지不行而至 : 성性은 천하만사天下萬事에 작용作用하나 적연부동寂然不動이라 오고 감이 없다. 언제나 적연부동寂然不動을 여의지 아니하고 천하만사天下萬事에 응應하는 것이다. 그 응應함을 불행이지不行而至라 하고 그 내용을 적연부동寂然不動이라 하는 것이다.

계사촬요 제6장

開物成務章

개물성무장

子曰 夫易은 何謂者也오 夫易은 開物成務하여
자왈 부역 하위자야 부역 개물성무

冒天下之道하나니 如斯而已者也라
모천하지도 여사이이자야

是故로 聖人以通天下之志하며 以定天下之業하며
시고 성인이통천하지지 이정천하지업

以斷天下之疑하나니라 是以明於天之道 而察於民之
이단천하지의 시이명어천지도 이찰어민지

故하여 是興神物하여 以前民用하니 聖人이 以此齋戒하여
고 시흥신물 이전민용 성인 이차재계

以神明其德夫인저
이신명기덕부

공자께서 이르신다.

"역易은 어떤 것인가? 대저 역易은 칠정七情 없는 마음을 열어 만사萬事에 무위無爲하여 천하天下의 도道를 덮나니 이 같을 따름이다.

이러므로, 성인聖人이 이로써 천하의 뜻에 통하고, 천하의 사업事業을 정하여 천하의 의심疑心되는 것을 판단判斷하느니라. 이러므로 성性, 天의 도道에 밝아 백성百姓의 성性을 드러내고 자질資質과 일을 살핀다. 신령神靈스러운 마음을 일으키

어 백성의 마음쓰임에 앞서 본보기가 된다. 성인聖人은 이 때문에 마음에 칠정七情의 몽환夢幻이 없게 하여 그 덕德을 신령神靈스러이 밝힌다."

某解

공자께서 이르신다. "대저 역易은 어떤 것인가? 역易은 칠정七情 없는 참마음을 열어서 천하만사天下萬事에 성誠으로 무위無爲하여 천하天下에 도道를 행하나니 오직 이와 같을 따름이다. 이러히 하여 천하에 무사無事의 도道로써 통通하고, 천하사天下事에 무사無事의 도道로써 판단判斷하느니라. 이러하므로 성性에 밝아야 범부의 성性을 드러낼 수 있고, 범부의 자질資質에 따라 가르침을 펼 수 있는 것이요, 신묘神妙한 참마음을 밝혀야 범부凡夫의 모범模範이 되는 것이다. 이런고로 성인聖人은 참마음에 몽환夢幻의 칠정七情이 없음으로써 그 신령神靈한 덕德을 밝혀 가르치는 것이다."

碧註

■ 개물성무開物成務의 개물開物은 진심眞心을 밝힌 것이요, 성무成務는 진심眞心의 무위이성無爲而成 즉 함이 없이 천하만사에 응應하여 그 사事를 이루는 것을 이른다.

■ 신명기덕神明其德은 진심眞心의 신령神靈스러이 밝은 덕德을 이르는 것이다.

■ 재계齋戒란 몽환夢幻에 속지 않음을 공부를 삼는 것이다.

書不盡言章
서부진언장

子曰書不盡言하며 言不盡意니 然則聖人之意를
자왈서불진언　언불진의　연즉성인지의

其不可見乎아 子曰 聖人이 立象하여 以盡意하며
기불가견호　자왈 성인　입상　이진의

設卦하여 以盡情僞하며 繫辭焉하여 以盡其言하며
설괘　이진정위　계사언　이진기언

變而通之하여 以盡利하며 鼓之舞之하여 以盡神하니라.
변이통지　이진리　고지무지　이진신

공자께서 이르신다.

"글은 말을 다하지 못하고(書不盡言), 말은 뜻을 다하지 못한다(言不盡意). 그런즉 성인聖人의 뜻을 볼 수 없겠는가?"

공자께서 말씀하신다.

"성인은 상象을 세움으로써 뜻을 다하고, 괘卦를 베풂으로써 정情의 거짓僞을 밝혀 불변不變의 말道을 세워繫辭 그 말을 다하는 것이다. (假有의) 정情을 변화變化하여 성性을 반조返照하여 통달通達함으로써 이익利益을 다하고, 이것을 고무鼓舞함으로써 신명神明을 다한다."

某解

공자께서 "글은 말을 다하지 못하고(書不盡言), 말은 뜻을 다하지 못한다(言不盡意)."라 이르신다. 오직 스스로 성性을 밝혀야 성인聖人의 뜻을 볼 수 있는 것이다. 상象을 세워 성性의 뜻을 전傳하고, 괘卦를 베풀어 정情이 거짓마음인 것을 밝혀 불변不變의 말道을 세우는 것이다. 이것이 계사繫辭이다.

계사繫辭는 인심人心과 도심道心을 가려 드러내며, 설명說明을 붙여 자세히 알게 하며, 마음의 변화變化에 그 주인主人을 통달通達함으로써 바르게 하며, 이러한 도리道理를 범부凡夫에게 가르쳐 넓힘으로써 본래本來의 도道에 합合하게 하는 것이다.

碧註

■ 서부진언언부진의書不盡言言不盡意 : 글은 말을 다하지 못하고(書不盡言), 말은 뜻을 다하지 못한다(言不盡意)'란 글과 말로써 성(性)을 온전히 설명說明할 수 없다는 뜻이다. 대저 배우는 이가 높은 스승의 직지直指에 힘입어 문門을 열어야 하는 것이다.

안회顔回가 극기복례克己復禮라는 말을 듣고, 인심人心의 나를 잊고 성性을 밝혀 도심道心의 나를 드러내어 지례至禮로써 행行하고자 함이 본보기이다. 그 사람이라야 그 말을 듣고, 그 행行에 나아갈 수 있는 것이다.

■ 設卦하여 以盡情僞하여 繫辭焉이라 : 괘卦를 베풀어 정情이 거짓마음인 것을 밝혀 불변不變의 말을 세우는 것이다. 이것이 계사繫辭이다.

■ 공자孔子께서 정情 즉 칠정七情이 거짓마음이라 한다. 그러나 거짓

마음을 쓰는 주인主人이 성性이다. 그러하니 성性을 밝히는 것은 정情을 변화變化하여 성性에 통달通達하는 것이라 하겠다. 그리하면 성性이 우뚝 홀로 드밝을 것이다.

■ 정情이 거짓이면 정情은 몽환夢幻이라 본래 없는 것이다. 범부凡夫가 미혹迷惑하여 본래本來없는 것을 있다고 여기는 병病에 걸렸을 뿐이다. 성인聖人이 정情을 환幻이라 한다. 정情은 욕망慾望의 착식錯識이 빚은 환幻일 뿐이다. 인심人心이 환幻인줄 이해했다면 환幻의 노예살이에서 벗어난 삶을 누려야하지 않겠는가?

■ 환幻을 쉬는 노력努力 또 노력努力만이 해맑은 인생人生을 찾는 길이라 하겠다. 그 방도方道는 경敬이요, 그 누림은 성誠이다.

계사촬요 제8장

形而上下章
형이상하장

是故로 形而上者를 謂之道요 形而下者를 謂之器니라
시 고 형 이 상 자 위 지 도 형 이 하 자 위 지 기

化而裁之를 謂之變이오 推而行之를 謂之通이오
화 이 재 지 위 지 변 추 이 행 지 위 지 통

擧而措之天下之民을 謂之事業이라.
거 이 조 지 천 하 지 민 위 지 사 업

이러므로 형이상자形而上者를 도道라 하고, 형이하자形而下者를 기器라 한다. 화化하여 제재制裁하는 것을 변變이라 하고, 추진推進하여 운행하는 것을 통명通明이라 하고, 들어서 천하의 백성을 계도啓導하는 것을 사업事業이라 한다.

某解

이러하므로 성性의 모습 없음(形而上)을 도道라 하고, (性을 說明함에) 부득이不得已 모습을 두어形以下 설명하는 것을 기器라 한다. 처소處所와 때에 따라 알맞게 성性이 주재主宰함을 변화變化라 하고, 일용행사日用行事에 진심眞心으로 주재하여 행함을 통通한다라 한다. 성性의 지극한 도道를 범부凡夫에게 가르쳐 넓히는 것을 사업事業이라 하는 것이다.

碧註

■ 형이상形而上은 성性의 모습 없음을 가리키는 말이다.

■ 형이하形而下는 성性을 형용하는 말이다. 형용하므로 모습의 자취가 남는 까닭에 형이하形而下라 하는 것이다.

성性은 모습이 없으나 설명說明함에는 그 체體의 특징特徵을 여러 방면으로 형용形容하게 되며, 그 형용은 사물의 모습에서 빌리게 되는 것이다. 교화敎化에 설명은 부득이한 것이나 딱 들어맞는 설명은 없다. 성性은 모습이 없기 때문이다. 성性의 비유는 허공, 거울, 골짜기 등이 가깝다. 허공, 거울, 골짜기의 특징을 합하면 좀 더 가까울 것이다.

■ 형이상形而上과 형이하形而下는 성性을 설명하는 방법이다.

勝明一者章
승명일자장

吉凶者는 貞勝者也니 天地之道는 貞觀者也요
길흉자 정승자야 천지지도 정관자야

日月之道는 貞明者也요 天下之動은 貞夫一者也라.
일월지도 정명자야 천하지동 정부일자야

子曰 天下何思何慮리오 天下同歸而殊塗하며
자왈 천하하사하려 천하동귀이수도

一致而百慮니 天下何思何慮리오 日往則月來하고
일치이백려 천하하사하려 일왕칙월래

月往則日來하야 日月이 相推而明生焉하며
월왕칙일래 일월 상추이명생언

寒往則暑來하고 暑往則寒來하야
한왕칙서래 서왕칙한래

寒暑相推而歲成成焉하니 往者는 屈也요
한서상추이세성성언 왕자 굴야

來者는 伸也니 屈伸이 相感而利生焉하니라.
래자 신야 굴신 상감이리생언

길吉과 흉凶은 올곧게 보는 것이니 천지의 도道는 바르게 보는 것이요, 일월日月의 도道는 바르게 밝은 것이요, 천하의 동動하는 것은 바른 것이 하나뿐이니라. 공자孔子께서 이르신다.

“천하天下에 무엇을 생각하고 무엇을 염려念慮하리오, 천하天下가 돌아가는 곳은 같아도 가는 길은 다르며, 이루는 것은 하나지만 생각은 백 가지이니, 천하天下에 무엇을 생각하며 무엇을 염려念慮하리요. 해가 지면 달이 뜨고 달이 지면 해가 뜨니, 해와 달이 서로 밀어 밝음이 생기고, 추위가 가면 더위가 오고 더위가 가면 추위가 와서 추위와 더위가 서로 밀어 한 해를 이루니, 가는 것은 굽히는 것이요 오는 것은 펴는 것이니 굽히고 펴는 것屈伸이 서로 감응感應하여 이로움이 생기는 것이니라."

某解

길흉吉凶과 천지天地의 도道와 일월日月의 도道는 오직 그 바름을 드러내는 것이라 천하天下에 유행流行하는 것은 바름貞 하나일 뿐이다. 공자 이르신다. "천하에 바름貞 하나가 올곧게 두렷하나니, 무엇을 생각할 것이며, 무엇을 염려念慮할 것인가? 사람마다 가는 길이 달라도 그 돌아가는 바는 하나의 근원根源이다. 해지고 달뜨며, 더위 가면 추위 오고 번갈아 행行하나니, 그 행行은 굽히고 펴는 것(屈伸)을 벗어나지 아니한다. 굽히고 펴는 것(屈伸)이 곧 무위지행無爲之行이라, 지극한 도道가 이利롭게 함이 이 가운데 있느니라."

碧註

- 곧음貞이란 칠정七情에 머물지 아니한다는 뜻이다.
- 승명일자勝明一者란 있는 그대로를 있는 그대로 밝히는 것이다.
- 굴신屈伸 : 폈다 오므리는 것을 굴신屈伸이라 한다. 천지天地의 조화造化도 이 굴신屈伸이요, 사생死生의 이치도 다만 이 굴신(屈伸이요, 성

인聖人의 만가지 교화敎化와 규구規矩가 다 이 굴신屈伸이다.

그러나 굴신屈伸의 체體는 성性이라, 굴신屈伸을 나투면서도 성性은 항상히 적연부동寂然不動이다. 굴신屈伸이면서 적연부동寂然不動이므로 굴신屈伸을 나투어도 나툰 바가 없는 것이다.

성性의 슬기가 곧 적연부동지寂然不動智이다. 그러므로 범부의 성性의 내용이 바로 적연부동지寂然不動智인 것이다. 범부의 굴신屈伸도 동정動靜을 두나 동정動靜에 속屬하지 아니한다. 범부는 다만 이 도리道理를 알지 못하는 것이다. 알지 못하므로 굴신屈伸의 무위지행無爲之行에 참여參與하지 못하는 것이다.

安身後動章
안신후동장

子曰 君子安其身而後에야 動하며 易其心而後에야
자 왈 군 자 안 기 신 이 후 동 역 기 심 이 후

語하며 定其交而後에야 求하나니 君子 脩此三者
어 정 기 교 이 후 구 군 자 수 차 삼 자

故로 全也하나니 危以動하면 則民不與也코 懼以語하면
고 전 야 위 이 동 즉 민 불 여 야 구 이 어

則民不應也코 无交而求하면 則民不與也하나니
즉 민 불 응 야 무 교 이 구 즉 민 불 여 야

莫之與하면 則傷之者至矣나니 易曰 莫益之라
막 지 여 즉 상 지 자 지 의 역 왈 막 익 지

或擊之리니 立心勿恒이니 凶이라 하니라.
혹 격 지 립 심 물 항 흉

공자孔子께서 이른다.

"군자君子가 그 진심眞心을 편안히 한 뒤에 동動하며, 그 진심眞心을 현현顯現한 뒤에야 말하며, 정심定心으로 행한 뒤에야 구求하나니, 군자가 이 세 가지를 닦는 고로 온전하니라. 위태함妄心으로써 동動하면 곧 범민凡民이 따르지 아니하고, 두려움懼으로써 말하면 곧 범민凡民이 응應하지 아니 하고, 행行함이 없이 구求하면 곧 범민이 함께 하지 아니 하고, 범민이 함께 하지 아니 하면 곧 중상重傷하는 자가 나타난다. 역易에 이르기를 "더하지 말라 혹 칠 것이다. 마음을 세워서 항상하지 못함이니 흉凶이라 하니라."

某解

공자孔子께서 이르신다. "군자君子는 진심眞心이 편안便安한 뒤에 천하天下에 참여參與하고, 그 진심眞心이 드러난 뒤에 도道를 말하며, 진심眞心이 정위正位에 있은 뒤에 도법道法을 구求한다. 군자가 이 세 가지를 닦아 체득體得하는 고로 온전하게 되느니라. 위태로운 인심人心, 七情으로써 나아가면 범부가 응應하지 아니하고, 도행道行이 익지 않아 칠정七情의 두려움으로 교화敎化하면 범부가 따르지 아니하며, 범부가 더불어 배우지 아니하면 사도邪道라고 헐뜯는 자가 나타난다. 역易에 이르기를 '공부工夫의 실력實力이 없으면서 더하지 말라! 인심人心을 세워서 항상하지 못하나니 이를 일러 흉凶이라 하느니라.' 하였다."

碧註

■ 안신이후동 安身而後動 : 군자君子는 진심眞心이 현전現前하여 거성居誠한 연후에 천하天下의 교화敎化에 참여參與한다. 안신安身이란 성性의 본연本然을 밝힌 이후의 경지요, 후동後動이란 진심眞心이 드러난 뒤에 도道를 말하고 행하는 것이다.

■ 위이동칙민불여 危而動則民不與 : 덕혜술지德惠術知의 위태危殆로운 인심人心, 七情으로써 교화敎化에 나아가면 범부가 배움에 순응順應하지 아니한다. 약간의 견처見處가 열리더라도 입을 열어 교화敎化에 나서면, 쉬 막히고 밝지 못함의 두려움懼이 있어 범부가 따르지 아니하는

것이다. 탁연卓然히 밝은 연후에 교화敎化에 나아가야 하는 것이다.

말세末世에 술지術知의 사師들이 나타나 밝은듯하나 거의가 귀굴鬼窟의 말로써 자고自高하는 것이다. 이를 역易에 흉凶이라 한다.

문언촬요
文言撮要

구목 九目

元亨利貞章
원형이정장

元者는 善之長也요 亨者는 嘉之會也요
원자 선지장야 형자 가지회야

利者는 義之和也요 貞者는 事之幹也니라
이자 의지화야 정자 사지간야

으뜸元이란 슬기智慧로 이끄는 것이요, 통한다亨는 것은 슬기가 그윽한 것이요, 이롭다利는 것은 슬기가 화합和合하는 것이요, 곧다貞는 것은 슬기의 사事가 한 줄기一本인 것이다.

某解

원元이란 슬기智慧가 우뚝한 것이요, 형亨이란 그윽한 슬기로 통通하는 것이요, 이利란 슬기를 드러내어 화和한 것이요, 정貞은 슬기의 사事가 도道임을 가리킨다.

碧註

- 원元 : 천연天然의 슬기智慧가 우뚝함이다.
- 형亨 : 천연天然의 슬기智慧가 사무사思無邪에 거님이다.
- 이利 : 천연天然의 슬기智慧가 일용행사日用行事에 화和함이다.

■ 정貞 : 천연天然의 슬기智慧가 일이관지一以貫之함이다.

■ 원형이정元亨利貞이란 성性을 밝힘과 성性을 밝혀 거성居誠의 지혜智慧가 드러남과 스스로 밝아 범부를 깨우쳐 일으킴과 일마다 지혜智慧가 그윽하여 칠정이 일어나지 아니함이다. 계사繫辭에 '괘卦를 베풀어 정情의 거짓됨을 밝혀 불변不變의 말씀을 세우니라.' 함이 성인聖人의 본지本旨이다.

君子體仁章
군자체인장

君子體仁이 足以長人이며 嘉會는 足以合禮며
군자체인 족이장인 가회 족이합례

利物이 足以和義며 貞固 足以幹事니
이물 족이화의 정고 족이간사

君子行此四德者라 故로 曰 乾 元亨利貞이라
군자행차사덕자 고 왈 건 원형리정

군자君子는 인仁을 체득體得하여 사람을 인仁에 이끌고, 슬기智慧를 그윽하게 하여 예禮에 합하며, 마음性을 밝혀 올곧게 청화淸和하고, 곧고 견고하여 일마다 한 줄기一本가 된다. 군자君子는 이 네 가지 덕을 행하는 사람이다. 그러므로 건괘乾卦 괘사卦辭에 으뜸元이며, 통亨하며, 이롭고利, 곧다貞고 하느니라.

某解

군자君子는 인仁을 체득體得하여 인仁을 나투며, 슬기가 두렷하여 예禮에 합合하며, 성性에 드밝아 올곧게 청화淸和하고, 슬기가 곧고 견고堅固하여 일마다 일이관지一以貫之하는 것이다. 군자君子는 이 사덕四德을 행한다. 그러므로 사무사思無邪의 도道는 으뜸元이며, 통亨하며, 이롭고利, 곧다貞고 하느니라.

碧註

■ 체인體仁 : 인仁을 체득體得하여야 군자君子이다.

■ 가회嘉會 : 슬기가 두렷하여 예禮에 합合하므로 지례至禮에 나아갔다고 한다. 지례至禮는 무위無爲의 행行이다. 지례至禮는 성性을 밝힌 연후에 거니는 무념無念의 경지境地이다.

■ 이물利物 : 정情이 몽환夢幻임을 깨우치매, 정情이 성性으로 청화淸化한 경지境地이다. 칠정七情에 거처하지 않으므로 상락常樂의 이利가 남에게 넓혀지는 것이다.

■ 정고貞固 : 곧음貞이 굳음固이니 명성明性이후의 경지境地이다.

문언촬요 제3장

終日乾乾章
종일건건장

君子終日乾乾 夕惕若 厲无咎는 何謂也오
군자종일건건 석척약 려무구 하위야

子曰 君子進德脩業하나니 忠信所以進德也오
자왈 군자진덕수업 충신소이진덕야

脩辭立其誠이 所以居業也라 知至至之라 可與幾也며
수사입기성 소이거업야 지지지지 가여기야

知終終之라 可與存義也니 是故로 居上位而不驕하며
지종종지 가여존의야 시고 거상위이불교

在下位而不憂하나니 故로 乾乾하여 因其時而惕하면
재하위이불우 고 건건 인기시이척

雖危나 无咎矣니라.
수위 무구의

문인門人이 여쭌다.

"군자君子가 종일終日토록 해맑고 의젓한 모습乾乾이면 저녁까지 근심하여도 허물이 없다 함은 무엇을 이르는 것입니까?"

공자孔子께서 이르신다.

"군자는 덕德에 나아가 도업道業을 닦으니 충신忠信은 덕德에 나아가기 위함이요, (聖人의) 말을 닦고 성무위誠無爲에 서는 것은 도업道業에 있기 위함이니라. 이를 데를 알아 이르는 것知至至之은 함께 기미幾微를 말할 수 있고, 마칠 때를 알아 마치는 것知終終之은 함께 의義를 보존할 수 있느니라. 이러므로 윗자리에 있어서는 교만하지 않고, 아랫자리에 있어서는 근심하지 않느니라. 그러므로 해맑고 의젓하여(乾乾) 그 때를 따라 걱정하면 비록 위태하나 허물이 없는 것이니라."

某解

문인이 여쭌다. "군자가 종일終日 성성惺惺하면 저녁까지 근심하여도 허물이 없다 함은 무슨 뜻입니까?"

공자께서 이르신다. "군자는 덕에 나아가 도업道業을 닦으니 충신忠信은 덕德에 나아가기 위함이요, (聖人의) 말씀을 닦고 성무위誠無爲에 서는 것은 도업道業에 있기 위함이니라. 이를 데를 알아 이르는 것知至至之은 성性의 기미幾微를 말하고, 마칠 때를 알아 마치는 것知終終之은 성性의 의義를 보존하니라. 이러하므로 교만하거나 근심하지 않느니라. 그러므로 성성惺惺하면 그 때를 따라 걱정을 두나 허물이 없는 것이니라."

碧註

■ 건건乾乾 : 건건乾乾이란 거성居誠하여 성성惺惺한 것이다. 종일건건終日乾乾은 종일성성終日惺惺의 뜻이다. 성성惺惺은 무념無念이 한결같음이다. 입성入誠하여 휴휴공부休休工夫에 들지 않으면 이 뜻을 알 수 없다. 비유하면 건건乾乾은 마음이 허공과 같아서 만유萬有를 포용하되 비어서 흔적痕迹이 없는 것이다. 허공에 비바람과 천둥번개가 우짖을 때에도 허공은 고요하여 건건乾乾한 것이다. 건건乾乾은 성인의

높고 밝은 경지이다.

■ 지지지지知至至之 : 이를 데를 알아 이르는 것이니 무위지행無爲之行이다.

■ 지종종지知終終之 : 마칠 때를 알아 마치는 것은 다만 기미幾微를 거두는 것이라 유위有爲의 마침이 있는 것이 아니다.

■ 수위무구雖危無咎 : 위태하나 허물이 없는 것은 까닭은 무위無爲하여 성성惺惺에 거처하기 때문이다.

문언촬요 제4장

躍淵無咎章
약연무구장

或躍在淵 无咎는 何謂也오 子曰 上下无常이
혹약재연 무구 하위야 자왈 상하무상

非爲邪也며 進退无恒이 非離羣也라
비위사야 진퇴무항 비리군야

君子進德脩業은 欲及時也니 故로 无咎니라.
군자진덕수업 욕급시야 고 무구

문인門人이 여쭌다.

"고기가 못에서 뛰논다躍在淵 하는 도리道理에 허물이 없다 함은 무엇을 이르는 것입니까?"

공자孔子께서 이른다.

"아래 위가 일정一定하지 않음이 삿됨邪이 아니요, 나아가고 물러남이 항상恒常하지 않으나 군중群衆에서 떠나는 것이 아니다. 군자君子가 덕德에 나아가서 종심從心하는 것은 때에 맞게 하는 것이다. 그러므로 허물이 없는 것이다."

某解

문인이 여쭌다.

"고기가 못에서 뛰논다躍淵 하는 도리道理에 허물이 없다 함은 무엇을 이르는 것입니까?"

공자께서 이르신다.

"연비어약鳶飛魚躍의 도리道理란 아래 위의 작용作用이 일정하지 않아도 삿됨邪이 아니요, 나아가고 물러남이 항상恒常하지 않더라도 만물萬物의 도리道理에서 벗어나는 것이 아니다. 군자君子가 덕德에 나아가서 종심從心하는 것은 때에 맞지 아니함이 없으므로 도道를 어기지 않는 것이다. 그러므로 허물이 없다고 한다."

碧註

■ 약연무구躍淵無垢는 시경詩經의 '허공에 솔개가 날고, 못에 고기가 뛰어노누나!(鳶飛唳天 魚躍于淵)' 함에 공자께서 '그 도리에 허물이 없느니라.(無垢)'라고 평評하신 것이다.

연비어약鳶飛魚躍의 도리道理란 군자가 칠정七情에 머묾이 없음을 이른다. 그러므로 마음에 칠정七情의 때垢가 없으므로 무구無垢라 하는 것이다. 때垢의 내용은 몽환夢幻이다.

'鳶飛唳天 魚躍于淵'은 중용中庸에도 보이는 바, 공자께서 상문인上門人에게 자주 거론한 것으로 사료된다.

■ 鳶飛唳天 허공에 솔개가 날고,
魚躍于淵 못에 고기가 뛰노누나.

魚行水濁 고기가 가니 물이 흐려지고,
鳥飛毛落 새가 나니 깃털이 떨어진다.

상음上吟 이제二題가 서로 허물이 없다.

■ 도道란 사람에게서 잠시라도 떠날 수 있는 것이 아니다. 다만 범부凡夫가 칠정七情에 미혹迷惑하여 스스로 어두울 뿐이다. 칠정七情의 미혹迷惑을 벗어난 경지境地가 공자孔子의 불혹不惑이다.

■ 무정자무구無情者無咎 : 칠정七情이 없으면 허물이 없다. 정情은 위僞라, 거짓을 여의면 허물이 없는 것이다.

■ 진덕무구進德無垢 : 진덕進德은 명성明性 연후의 사事이다. 명성明性이면 무구無垢를 밝히 아는 것이다.

純粹精微章
순수정미장

乾元者는 始而亨者也요 利貞者는 性情也라
건원자 시이형자야 리정자 성정야

乾始能以美利로 利天下라. 不言所利하니
건시능이미리 이천하 불언소리

大矣哉라 大哉라 乾乎여 剛健中正하며 純粹精也니라
대의재 대재 건호 강건중정 순수정야

건乾의 원元이란 처음을 두어 시작하여 천하만사天下萬事에 형통亨通하는 것誠心無爲이요, 이利와 정貞이란 것은 성性과 정情이다. 건시乾始란 것은 아름다운 도리道理로 천하를 이롭게 한다는 것이다. (이롭게 하고도) 이롭게 함을 말하지 않으니, 크도다! 크도다! 건乾, 性이여! 두렷이 바르며剛健中正 순수정미純粹精微하도다.

某解

건원乾元이란 성性을 밝혀 천하만사天下萬事에 무위無爲로 형통亨通하는 것이요, 이利와 정貞이란 성性과 정情을 의미한다. 건시乾始란 무정無情의 아름다운 도리道理로써 천하를 이롭게 하는 것이다. (利를 펴고도) 이롭게 함을 세우지 않으니, 크도다! 크도다! 건乾이여! 두렷이 바르며剛健中正 순수정미純粹精微하도다.

碧註

■ 이利란 정情을 여읨이요, 정貞이란 무정無情으로 행行함이다.

■ 강건중정 剛健中正 : 성性은 불변不變으로써 부동不動이다. 그러므로 강건중정 剛健中正이라 하는 것이다. 과거過去 현재現在 미래未來에도 그러하다. 영생불멸永生不滅이 아니면 불변부동不變不動이 아니다. 성性이 강건중정剛健中正하므로 두렷이 바르다고 하는 것이다.

■ 순수정미純粹精微 : 성性의 체體는 무상無相, 무명無名, 무색無色하여 무념無念의 현묘玄妙한 광명지光明知가 두렷할 뿐, 한 물건도 없는 까닭에 순수정미純粹精微라 하는 것이다.

君子德行章
군자덕행장

君子以成德行하나니 日可見之行也라
군자이성덕행 일가견지행야

潛之爲言也는 隱而未見하며 行而未成이라
잠지위언야 은이미견 행이미성

是以君子弗用也하나니라 君子學以聚之하고
시이군자불용야 군자학이취지

問以辨之하며 寬以居之하고 仁以行之하나니라
문이변지 관이거지 인이행지

군자君子는 덕德을 이루어 인仁을 행行하나니, 날마다 성性으로 함이 없이 행行하는 것을 보는 것이다. 잠복潛伏하여 있다는 말은 성性이 인심人心에 가려져 있어서 아직 보지 못하는 것이요. 수행修行하여도 아직 덕德을 이루지 못하였으므로 군자君子는 그 인仁을 쓰지 못하는 것이다. 군자君子는 공부工夫에 힘 다해 그 정수精髓를 배우고, 스승에게 여쭈어서 정해正解하고, 너그러이 거처하며, 필경畢竟에 인仁으로 행行하는 것이다.

某解

군자는 성性을 밝히어 인仁을 행하여 날마다 함이 없이無爲 행하는 것을 보는 것이다. 숨어 있다는 말은 성性이 인심人心에 가려져 아직 밝지 못한 것이요. 수행修行하여도 덕德이 이루이지지 못하였으므로 군자가 인仁을 행하지 못하는 것이다. 군자는 공부工夫에 힘 다해 그 정수精髓를 배우고, 스승에게 여쭈어서 정해正解하고, 너그러이 거처하며, 필경畢竟에 인仁으로 행行하는 것이다.

碧註

■ 군자성덕행君子成德行 : 군자는 힘 다해 정수精髓를 배우고, 정해正解하고, 관거寬居하며, 성덕成德하여 그 인仁을 행行하는 것이다.

■ 미견불행未見不行 : 비록 공부工夫가 있으나 덕혜술지德惠術知에 거처居處하여 도道에 합合하지 못한 때에는 인仁을 쓰지 못한다. 입을 열면 그르치는 바가 크므로 잠언潛言이라 하는 것이다.

문언촬요 제7장

存亡其正章

존망기정장

夫大人者는 與天地合其德하며 與日月合其明하며
부 대 인 자 　 여 천 지 합 기 덕 　 여 일 월 합 기 명

與四時合其序하며 與鬼神合其吉凶하여
여 사 시 합 기 서 　 여 귀 신 합 기 길 흉

先天而天弗違하며 後天而奉天時하나니
선 천 이 천 불 위 　 후 천 이 봉 천 시

天且弗違는 而況於人乎며 況於鬼神乎아 唯聖人乎아
천 차 불 위 　 이 황 어 인 호 　 황 어 귀 신 호 　 유 성 인 호

知進退存亡而不失其正者 其唯聖人乎인저
지 진 퇴 존 망 이 부 실 기 정 자 　 기 유 성 인 호

대저 대인大人은 천지天地와 그 덕德이 합合하고, 일월日月과 그 밝음이 합合하고, 사시四時와 질서秩序가 합合하고 귀신鬼神과 길흉吉凶이 합合하여, 허공虛空보다 앞서도 허공이 어기지 못하고, 허공虛空보다 뒤에 있어도 천시天時를 받든다. 허공도 또한 어기지 못하거든 하물며 사람이겠느냐? 하물며 귀신鬼神이겠느냐?

오직 성인聖人이라야 나아가는 것과 물러나는 것進退, 삶과 죽음存亡을 알면서 그 바름을 잃지 않음이라, 오직 성인聖人이 그러하도다!

某解

대저 대인大人은 천지天地와 한 몸이요, 그 밝음이 일월日月과 다르지 않으며, 사시四時에 한거閑居하며, 무형무색無形無色하므로 허공虛空이 어기지 못한다. 오직 사무사思無邪로써 일이관지一以貫之하면 진퇴進退와 사생死生의 이理를 알고, 삶과 죽음 밖에서 그 바름을 쓰나니라.

碧註

■ 천덕일명天德日明 : 성性의 덕德이 허공虛空과 같아 그 수壽가 가이 없고, 그 청정淸淨한 광명光明은 일월日月과 다르지 아니하다.

■ 사무사思無邪 : 도道란 진심眞心의 본래 두렷함을 회복回復함이요, 도道의 내용內容은 마음에 칠정七情의 삿됨이 없는 것이다. 말은 간결簡潔하나 성誠에 이르지 아니하면 도道의 그림자도 볼 수 없다.

■ 일이관지一以貫之 : 인자仁者는 무념無念으로 일이관지一以貫之 한다. 인자仁者는 다만 이러할 뿐 다른 공부工夫가 있는 것이 아니다. 무념無念이란 칠정七情 없는 마음을 뜻한다.

敬義直方章
경의직방장

直은 其正也요 方은 其義也니 君子는 敬以直內하고
직 기정야 방 기의야 군자 경이직내

義以方外하니라 敬義立而德不孤하나니
의이방외 경의입이덕불고

直方은 大하여 不習이라 无不利니 則不疑其所行也라.
직방 대 불습 무불리 즉불의기소행야

곧다直는 것은 성性의 바르게 밝음이요, 반듯하다方는 것은 성性이 (假有의) 칠정七情에 머문 바 없이 드러남이다.

군자君子는 경敬, 反之으로 성性에 계합契合하고, 성性의 적연부동지寂然不動智, 義로서 작용作用에 반드시 하니라.

경敬과 의義가 하나로 서면 덕德이 우뚝하다. 성性이 곧음을 얻어, 성性이 반듯 드러남은 본연本然의 도道라 크다大고 하며, 학습學習하지 않아도 이롭지 않음이 없나니, 성性 그대로 행行하는 것을 의심할 바가 없다.

某解

곧다直는 것은 성性에 칠정七情의 가림이 없는 것이요, 반듯하다方는 것은 작용作用함에 성性이 온전히 드러나는 것이다. 군자君子는 경

敬으로 수행修行하여 필경에 성性에 계합契合하여 성性의 적연부동지寂然不動智로써 동용주선動容周旋에 칠정七情의 가림이 없게 되는 것이다. 경敬으로 성性을 밝히고 의義로써 일용日用하면 성誠하여 덕德이 우뚝하게 되는 것이다.

성性이 온전히 드러나 칠정七情이 본래本來 없었음을 증오證悟하여 확인確認하게 되면 무성무취無聲無臭의 적연부동지寂然不動智로써 세상世上 속에서 세상 밖에 거처居處하게 되므로 크다大고 하는 것이다.

碧註

■ 직방直方 : 순성지심純性之心으로 일용日用하므로 곧다直고 하는 것이다. 순성지심純性之心의 곧음直을 일용日用의 모든 처소處所에 반듯하게 나투므로 방方이라 한다.

■ 내외內外 : 내內는 성性을 가리킨다. 외外는 성性의 작용作用을 가리킨다.

■ 불습不習 : 성性은 학습學習하는 것이 아니다. 그러므로 본연本然의 성性을 회복回復하는 내용은 불습不習의 지혜智慧인 것이다. 중용中庸에,

-성(性)은 불현이장(不見而章)하며 불면이중(不勉而中)하며 무위이성(無爲而成)이니라-

"성性은 나타내려 하지 않아도 이미 드러나 있으며, 애쓰지 않아도 항상히 성性 가운데 있으며, 그 작용作用에 함이 없이 이루니라."

라고 한 뜻과 같다. 성性은 학습學習하여 고치거나 더하는 것이 아니다. 다만 칠정七情을 쉬어 본연本然의 성性을 회복回復할 따름이다. 그러므로 불습不習이라 한다. 공부工夫에 온 힘을 다한다 해도 불습不習

의 도리道理를 이해하지 못하면 수많은 세월을 노력努力하여도 도道를 밝히기 어렵다. 성性은 불습不習의 천연天然이라 개오開悟의 지地를 회복回復이라 하는 것이다.

■ 덕불고德不孤 : 덕德이 우뚝하다는 뜻이다. 성性의 덕德이 삼라만상森羅萬象을 포용包容하고 천하만사天下萬事를 나투고 거둠에 함이 없으므로 불고不孤라 하는 것이다. 군자君子는 사해四海가 형제兄弟이거늘 어찌 세속世俗의 고孤가 따르겠는가? 경이직내敬以直內의 공부가 아니면 성性을 밝힐 수 없음을 알아야 한다. 성性을 밝힌 연후에야 성誠으로 의이방외義以方外할 수 있는 것이다.

黃中通理章
황중통리장

君子黃中通理하여 正位居體하나니
군자황중통리 정위거체

美在其中而暢於四肢하며 發於事業하나니 美之至也라
미재기중이창어사지 발어사업 미지지야

군자君子는 성性, 黃庭의 도리道理에 통通하여 정위正位에 진신眞身을 둔다. 진신眞身의 모습 없는 아름다움이 일용행사日用行事, 事業에 나타나나니, 그 무위無爲의 아름다움이 지극至極한 것이다.

某解

군자君子는 성性을 밝힌 대현大賢이다. 그러므로 만사萬事에 성性으로 행行하므로 정위正位에 거처하는 것이다. 정위正位에 거처하므로 통리通理라 하며, 일용日用에 그 마음을 나투되 진신眞身으로 하는 것이다. 성性이 곧 진신眞身이다. 진신眞身으로 나투므로 그 무위無爲의 아름다움이 지극至極하다고 하는 것이다.

碧註

■ 황중黃中 : 성性을 황정黃精, 황정黃庭으로 표현하기도 한다. 황중黃中은 '성性 가운데'를 뜻한다. 출처出處는 황제내경黃帝內徑이다.

■ 정위거체正位居體 : 성性을 밝혀 진신眞身을 함이 없이 나투므로 그 무위無爲의 아름다움이 지극至極하다고 하는 것이다. 그 지극함을 정위거체正位居體라 한다.

■ 사업事業 : 도道에 나아가 공부工夫하고, 밝히어, 도道를 행行하는 것을 사업事業이라 한다.

六經撮要 後記

서부진언書不盡言이요 언부진의言不盡意라, 성인聖人의 저술著述이라도 그 글은 기승전결起承轉結을 두어 설명하므로 범부凡夫가 쉬이 간파하도록 그 말을 다 담을 수 없고, 말로써 설명한다 해도 사유思惟와 정념靜念의 정미精微한 이해를 위한 준비가 되지 않은 이는 그 말을 다 이해하기 어렵다.

더구나 모습 없는 진심眞心의 도리道理를 밝히고 몽환夢幻의 정념情念의 실체가 본무本無함을 드러내는 데 있어서랴!

그러나 범부에게는 어떻게 살아야 하는가? -라는 인생의 대명제大命題가 눈앞에 서 있고, 그 명제命題를 제각기의 깜냥대로 판단하여 이렇게 저렇게 주장하며 살아가나 언제나 족함을 느끼지 못하는 것은 그 판단이 언제나 모순矛盾을 안고 있기 때문이다.

공자孔子 노자老子 석가釋迦 등의 성인은 모두가 마음을 가르친다. 정념情念의 마음을 쉬면 참마음이 드러난다고 한다. 그 참마음이 나의 진면목眞面目이며, 진면목眞面目은 육체적 삶을 벗어나 영생불사永生不死의 이理를 갖추고 있다고 한다. 사람으로 태어나 참사람으로 사는 길이 자기의 마음에 갖추어 있다면 어찌 배움에 나아가지 않을 것인가?

여기 공자의 가르침 가운데 간절懇切한 곳을 모아 촬요撮要하였다. 만약 인연이 있다면 이 길을 밟아 따를 것이다. 공자의 가르침은 지난 2500여 년간에 수많은 현사賢士 달사達士들에 의해 위대한 가르침이라는 검증을 거친 도리道理이다. 다만 만나는 이의 안목眼目이 결정하는 것이다.

碧峙素語.

노치허 盧菑虛

단기4282년 蘆谷의 紫巖書堂에서 生.
無學而片農.
號 : 菑虛, 三碧子.
貫鄕 光山, 名是圭行是鉉.
拙居 : 三碧峙 (010-4599-1746)

저서 : 禪客 蘇東坡.
洙泗心經.
論孟撮要.
南華經禪解, 道德經禪解, 菜根切要, 孟子老少考 등 撰.
禪門九論 窣編.

少時某日 偶然 讀莊子與禪家龜鑑.
讀書黙坐 避世陋居.

누가 공자의 참마음을 보았는가

2017년 3월 15일 초판 인쇄
2017년 3월 20일 초판 발행

저 자 : 삼벽자
역 해 : 노치허
교 정 : 이시헌
발행인 : 김병환
발행처 : 학자원
주 소 : 서울 강동구 천호대로 1121
전 화 : 02) 6403-1000
팩 스 : 02) 6338-1001
E-mail : hakjaone@daum.net
등 록 : 2011년 3월 24일 제2011-14호

ISBN 979-11-87806-19-6 (93820)
값 18,000원